गाँव के मन से रू-ब-रू :
विद्यानिवास मिश्र

वाणी प्रकाशन
नयी दिल्ली-110002

गाँव के मन से रू-ब-रू : विद्यानिवास मिश्र

संपादिका

कुमुद शर्मा

ISBN 81-7055-710-0

वाणी प्रकाशन
21-ए, दरियागंज, नयी दिल्ली-110002
द्वारा प्रकाशित

प्रथम संस्करण : 2000

मूल्य : 125.00

शुभम ऑफसेट, दिल्ली-110032
में मुद्रित

Gaon Ke Man Se Roo-Ba-Roo :
Vidya Nivas Mishra
edited by Kumud Sharma

पिता तुल्य श्यामसुंदर जी
के लिए

अनुक्रम

भूमिका

असाधारण सृजनात्मक क्षमता से युक्त ठेठ भारतीय पहनावे में रहने वाले आस्थावान व्यक्तित्व का नाम है पं. विद्यानिवास मिश्र। हिंदी, संस्कृत और अंग्रेजी साहित्य के मर्मज्ञ मिश्र जी विशिष्ट निबंधकार, गंभीर चिंतक, भाषाविद्, भारतीय संस्कृति के व्याख्याता और कर्मठ पत्रकार के रूप में अत्यंत प्रख्यात रहे हैं। उनका संवेदनशील मन सृजन की पूरी विविधताओं में स्वयं को बृहत्तर जीवन संदर्भों से जोड़कर आगे बढ़ा है। उन्होंने साहित्य की रचनाधर्मिता को व्यापक परिप्रेक्ष्य में प्रस्तुत किया। जीवन-मूल्यों के रूप में राष्ट्रीय संस्कारों को ग्रहण करता हुआ उनका सृजनात्मक गद्य समूचे हिंदी गद्य के ऐतिहासिक परिदृश्य में अत्यंत महत्त्व का है।

संस्कृत व लौकिक साहित्य के गहरे अध्ययन-मनन के कारण मिश्र जी लोक और शास्त्र के अद्वितीय प्रवक्ता रहे हैं। ऐतिहासिक और सांस्कृतिक चेतना के साथ-साथ लोक जीवन के गहरे संपर्क और मार्मिक अनुभवों ने उनकी रचनाशीलता को गति प्रदान की। उनका गँवई मन भारतीय मौसम, फूलों, नदियों और पर्वतों में ही नहीं बल्कि भारत के कण-कण में बसा है। भारतीय उदारता, त्याग, मेहमाननवाजी और गंगा-यमुना के तटों पर बहनेवाली अनवरत संस्कृति से उनका समूचा व्यक्तित्व व कृतित्व ओत-प्रोत है। उनके लेखन में संस्कृत भाषा का वैभव, हिंदी की असीम ऊर्जा और लोक जीवन की समरसता एक साथ समाविष्ट है। स्वयं उनकी स्वीकारोक्ति है—"हिमालय के अंचल के निचले छोर ने मुझे अपनी ममता से खड़ा किया। गंगा-यमुना के संगम ने मुझे संघर्षों का झूला झुलाकर गति दी। और विंध्य ने धैर्य की गंभीरता दी...। संस्कृत में जन्म कर अंग्रेजी का स्तनपान किया। पर मुझे छाँह मिली भोजपुरी के धानी आँचल में।"

अपने को भारतीय भावधारा का स्नातक माननेवाले मिश्र जी अपनी वैचारिक शृंखलाओं में वैदिक सूक्तों के गरिमामय उद्‌गम से लेकर लोकगीतों के महासागर तक अविच्छिन्न भावधारा के उद्‌गाता है। इसीलिए भारतीयता के प्रतिकूल विचार

सरणियों और चिंतनाओं से बराबर उनकी टंकार होती रही है। जिसकी गूँज उनके निबंधों में साफ सुनाई पड़ती है। भारतीय सांस्कृतिक मूल्यों के आग्रही अन्य साहित्यकारों से मिश्र जी कतई अलग हैं। इसका कारण है कि अतीत और परंपराओं से मोहग्रस्तता की सीमा तक जुड़े हुए अन्य रचनाकारों को जहाँ प्रतिक्रियावादी और परंपरावादी घोषित कर दिया जाता है वहीं मिश्र जी परंपरा की ऐसी आधुनिक व्याख्या प्रस्तुत करते हैं जहाँ परंपरा ही आधुनिकता का कारण बनती है और आधुनिकता आनेवाले साहित्य के लिए परंपरा। आधुनिकता और देसी परंपरा का ऐसा सुंदर, सांस्कृतिक समन्वय अन्यत्र दुर्लभ है।

शोध, निबंध, आलोचना, संस्मरण, पत्र लेखन, संपादन, शासकीय अनुशीलन, कविता आदि अनेक क्षेत्रों में उनका महत्त्वपूर्ण अवदान है। उन्होंने जिस क्षेत्र में प्रवेश किया उसे प्राणवान् बना दिया। लेकिन व्यापक प्रतिष्ठा उन्हें निबंधकार के रूप में मिली। जीवन के हलके और गंभीर विषयों और प्रसंगों को अपने शैलीगत लालित्य में बाँधकर प्रस्तुत करने की कला में मिश्र जी प्रवीण हैं। पाठक विषय की गहराई में अपने आप डूबता चला जाता है। वे भारतीय ऋतुओं, पर्वों, फूलों, वनों और स्थानों के पीछे सहस्रों वर्षों के मानव इतिहास में पाठक को साथ लेकर रमने की क्षमता रखते हैं। उनकी विद्वत्ता, उनकी व्याख्याओं और अनुमानों से संतुष्ट होता हुआ पाठक पूर्ण तन्मयी भवन की स्थिति में पहुँच जाता है।

मिश्र जी केवल अतीत और वर्तमान के साहित्य के ही नहीं बल्कि भविष्य के साहित्य के भी द्रष्टा हैं। आगे आनेवाले बीस वर्षों में साहित्य कैसा होगा इस ओर भी उनकी दूर दृष्टि जाती है। आचार्य हजारीप्रसाद द्विवेदी की परंपरा की गूँज उनके साहित्य में जरूर है लेकिन मिश्र जी की साहित्य की अपनी सोच है, अपने मोड़ हैं। उन्हें किसी के साथ रखकर देखना उनके महत्त्व को कम करके आँकना होगा।

सृजनात्मक पक्ष की तरह मिश्र जी का व्यक्तित्व भी कम प्रभावशाली नहीं है। शुरू में उनके व्यक्तित्व की गहराई और विद्वत्ता से जो चित्र उभरता है वह कुछ लोगों को आतंकित कर सकता है मगर धीरे-धीरे यह आतंक घटने लगता है फिर बस एक सहज, निर्मल, निश्छल, भारतीय मन ही दिखाई देता है जो जीवन को सही अर्थों में जीना चाहता है। जो बदलते हुए समाज से संचालित नहीं है। जिसमें जातीय स्वाभिमान के आगे पश्चिमी चकाचौंध भी निरर्थक और बेमानी लगने लगती है। मिश्र जी जीवन को अपने ढर्रे पर चलाते हैं। उनके तौर-तरीके और चलन में इतनी आंतरिक प्रबलता है कि वह जिन जीवन मूल्यों को ठीक समझते हैं उसका बखूबी निर्वाह कर रहे हैं। और उनसे जुड़ी हुई जो दुनिया है वह भी उनके जीवन जीने की उनकी प्रक्रिया में बाधा नहीं बनती। उनमें इतना प्रबल आत्मविश्वास है, इतनी आत्मिक शक्ति है जिसे ठीक समझते हैं वही जीते हैं, वही कहते हैं, वही लिखते

हैं। अपनी संस्कृति और अपनी मिट्टी से गहरा लगाव रखनेवाले मिश्र जी राजनीतिक, सामाजिक और आर्थिक मोहभंग की लंबी प्रक्रिया के बावजूद निराशा व प्रमाद की अवस्था को प्राप्त नहीं होते बल्कि निराशा और अवसाद के बीच से आस्था और विश्वास के नए बिंदु तलाश लाते हैं। विपरीत परिस्थितियों में भी अनुकूलता खोज निकालते हैं।

'गाँव के मन से रू-ब-रू' मिश्र जी के साक्षात्कारों का संकलन है। साधारण मनुष्य के जीवन और समाज का जो अनुभव होता है उससे निष्कर्ष निकाला जा सकता है। लेकिन जब विद्वान् रचनाकार लोक, शास्त्र, जीवन और साहित्य को देखता है तो उसके पीछे उसका दर्शन, भाषा और संस्कारों की विराट निधि होती है। और उससे उत्पन्न उसकी निजी विचार संपदा भी। जो पाठक के लिए अमूल्य धरोहर बनती है। यद्यपि मिश्र जी ने अपने साहित्य के जरिए भाषा, धर्म, दर्शन, संस्कृति, कला, इतिहास, प्रकृति, पर्व आदि विषयों पर अपनी विशाल विचार संपदा हमें सौंपी है। लेकिन ऐसे विराट और समग्र दृष्टि संपन्न रचनाकार के पीछे छिपे मनुष्य को भी जानने-समझने की ललक उठती है। उनके अनुभवों को टटोलने और खोजने की इच्छा होती है। इन साक्षात्कारों के संकलन का उद्देश्य भी पंडित जी के जीवन से जुड़े छुए-अनछुए पहलुओं को उजागर करना है। जो शायद लिखे नहीं जा सके, कहे नहीं जा सके। हो सकता है इनमें से कुछ अंश उन्हें अपनी रचना प्रक्रिया के दौरान गैर- जरूरी भी लगे हों।

पं. विद्यानिवास मिश्र अपने जीवन के उस दौर से गुजर रहे हैं जब उनकी साहित्यिक कृतियों का गंभीर मूल्यांकन होना चाहिए। गंभीर, राजनीतिक, सामाजिक और साहित्यिक अनुभवों से निकले प्रसंगों को समेटे ये साक्षात्कार पाठकों के लिए एक गंभीर अनुभवन साबित होंगे। समय-समय पर विभिन्न विद्वानों द्वारा लिए गए ये साक्षात्कार पंडित जी के व्यक्तित्व और कृतित्व के साथ-साथ लोक, संस्कृति, शास्त्र, परंपरा, आधुनिकता और साहित्य की समग्र व्याख्या भी प्रस्तुत करते हैं। प्रश्नकर्ता की जिज्ञासाओं की प्रतिक्रिया के रूप में व्यक्त ये विचार भले ही जीवनी और समालोचना की परिचालित परिपाटी की सीमा में न आएँ लेकिन ये मिश्र जी की रचनाधर्मिता और जीवनधर्मिता का नया अर्थ और प्रयोजन उद्घाटित कर पाठकों को नई दृष्टि अवश्य देंगे। ऐसा मेरा विश्वास है।

—कुमुद शर्मा

पश्चिम के आईने में क्यों देखें अपने को

भेंटकर्ता : अशोक वाजपेयी

? *पिछले पचास वर्ष की जो हमारी साहित्यिक परंपरा है उसमें राजनीति ने तो साहित्य पर बड़ा और लगातार गहरा प्रभाव डाला है। लेकिन क्या किसी हद तक साहित्य का भी यत्किंचित प्रभाव हमारी राजनीति पर पड़ा है ? इसकी तुलना आप आजादी के पहले की परिस्थिति से कैसे करेंगे ?*

आजादी के पहले की स्थिति में सबसे बड़ी बात यह थी, मैं 1935 से कहूँ, जैसे मध्ययुग में कवि आदमी बाद में था पहले वह साधक था, संत था, वैसे ही आजादी के पहले भारत में कवि बाद में था, पहले उसका देश से सरोकार था। यह बहुत ही महत्त्वपूर्ण चीज है। देश से सरोकार का एक सगुण साकार रूप भी होता है, निर्गुण रूप नहीं। उसमें राजनीतिक भूगोल या राजनैतिक इतिहास नहीं होता है। उसमें देश की प्रकृति, देश की अस्मिता का एक पूरा भाव रहता है। उसके प्रति सचेत पहले था। मानना चाहिए कि भक्ति आंदोलन का एक परिणाम ईश्वर का रूपांतरण है। भक्ति आंदोलन का यह रूपांतरण इतना गहरा है, निष्ठा इतनी गहरी है। पहले के युग में इनका मूल्य शायद कविता की दृष्टि से कम न हो। निष्ठा की दृष्टि से तो है। एशिया के बारे में पहली कविता राधाकृष्ण मिश्र ने 1901 में लिखी थी—एशिया के जागरण के ऊपर। कोई विशेष बात नहीं थी, लेकिन भाव जो पकड़ा वह यह था कि हिंदुस्तान एशिया का एक प्रतिनिधि है। हिंदुस्तान एशिया पर बोलने वाला है, ऐसा पहली बार हिंदी में आया। और ऐसे-ऐसे लोग जो कि किसी भी पैमाने पर साहित्यिक परंपरा की दृष्टि से उच्च कोटि के न भी हों लेकिन जो देश के निर्माण की और देश के नए भाव की जो क्षमता है उसी पर रचना करते हैं। श्रीधर पाठक ने जो कुछ लिखा वह मैथिलीशरण गुप्त से पहले लिखा। सरकारी कर्मचारी थे लेकिन यह बात, यह राष्ट्रीय भावना उनमें इतनी गहरी थी कि वे छद्म नाम से भी लिखते

थे। श्रीधर पाठक का बहुत-सा लेखन, खासकर गद्य लेखन छद्म नाम से पूरा प्रकाश में आया। देश की ही बात है उनकी रचनाओं में। लेकिन पहले और बाद में एक गुणात्मक अंतर है कि स्वाधीनता मिलने के बाद कुछ निराकार बातों की चर्चा ज्यादा हुई है। देश का जो मूर्त रूप था जिसे आज भावुकता कहिए चाहे कुछ कहिए, वह नहीं रहा।

आज की जो गवर्नमेंट है वह दूसरे प्रकार की है। राजनीति उससे प्रभावित नहीं होती है, लेकिन साहित्य राजनीति से प्रभावित होता है। राजनीति उससे प्रभावित हो, न हो, इसकी चिंता उसे नहीं है। लेकिन राजनीति प्रभावित होती है। निष्ठावानों से प्रभावित होती है, प्रभावित हुई। उसी के अभाव में राजनीति प्रभावित नहीं हुई और राजनीति ने साहित्य को अधिक से अधिक एक सनक के रूप में लिया। साहित्य की बेधकता को नेताओं ने पहचाना नहीं। समाचार पत्र की बेधकता को पहचाना। आपात्काल में इतना नियंत्रण हुआ, लेकिन साहित्य की बेधकता भी कुछ होती है यह जानने की उन्हें जरूरत ही नहीं थी। 1976 में मुझे याद है इंदिराजी ने अपने घर बुलाया। हमारे बगल में मनोहर श्याम जोशी थे। उन्होंने कहा, यह क्या करने जा रही हैं ? प्रधानमंत्री जी, आप बताइए कि क्या रवींद्रनाथ ठाकुर और जवाहरलाल नेहरू के संबंध समाप्त हुए ? क्या साहित्य राजनीति से असहमति रखे ? अरे नहीं-नहीं विद्यानिवास जी, ऐसी बात मत कहिए। वे पलट गईं कि उन्होंने साहित्य को नुकसान पहुँचाने का कार्य किया है। लेकिन कहीं स्पष्ट संकेत था कि चिंता नहीं है साहित्य की। साहित्य कुछ कर रहा है, उसकी अपनी अपेक्षाएँ हैं, इसकी चिंता नहीं थी और आज भी ऐसी चिंता नहीं है।

? *यह क्या सिर्फ हिंदी में ही ऐसा हुआ है या दूसरी भाषाओं में भी ?*

ये सारी प्रवृत्तियाँ सार्वदेशिक रही हैं। चाहे बाद में आंदोलन रहा हो। कहीं देर में शुरू हुआ कहीं पहले शुरू हुआ। बहुत-सी भाषाओं में आंदोलन बाद में हुए। पर सबमें एक विचित्र प्रकार की मानसिकता जो 19वीं शताब्दी के नकली पुनर्जागरण की उपज है बनी रही। हमारे देश का प्राचीन बड़ा गौरवशाली रहा। वह भाव सब जगह समान रूप से बना रहा।

? *लेकिन इससे क्या कोई यह बात निकलती है कि हमारे समय में समाज पर नियंत्रण रखने वाली, समाज को नियमित करने वाली व्यवस्था की जिम्मेदारी तो कुल मिलाकर राजनीति पर है। अगर साहित्य का राजनीति पर ही कोई प्रभाव नहीं है तो फिर यह जो तथाकथित समाज है वह हमारे यहाँ एक अमूर्त किस्म की इकाई जान पड़ता है। इस पर भी साहित्य का क्या प्रभाव होगा ?*

कैसा प्रभाव पड़ेगा ! व्यवस्था तो बड़ा गहरा शब्द होता है। व्यवस्था का अर्थ

शासन व्यवस्था ही नहीं होता। रहने-सहने की व्यवस्था, जीने की व्यवस्था आदि सारी व्यवस्थाओं का संबंध इससे है। लोग जो भी करते हों सुविधापूर्वक करें, अच्छी तरह से करें। एक दूसरे से संघर्ष न हो। ये तो राजनीतिक व्यवस्था होती है लेकिन राजनीति की व्यवस्था परिवर्तित होती है। उन्हीं कारणों से कि जब उसकी जड़ता को कोई भेदता है। साहित्य से संकेत मिलता है और विचारों से संकेत मिलता है कि इसमें एक जड़ता है और यह अंतःक्रिया, वह इंट्रैक्शन बहुत गहराई में होता है। यह इंट्रैक्शन होता था। आजादी के बाद कुछ दिनों तक होता था। आजादी के बाद 8-10 वर्षों तक यह हुआ था। लोग जागे थे। कम से कम एक आदमी लोहिया का नाम ले सकता हूँ। लोहिया दरबार नहीं लगाते थे और स्वयं लोगों के पास जाते थे। एक आदमी ऐसा था जो चिंता करता था कि नहीं, इनकी आवाज है और इनसे बात करनी चाहिए। इस आधार पर नहीं कि ये हमारे पार्टी के सदस्य हैं। इस आधार पर बात करनी चाहिए कि उनके पास कुछ है जो हमारे लिए जरूरी है। लेकिन और कोई आदमी सोचने वाला नहीं था। अपने समय में गाँधी जी थे, जो साहित्यकार नहीं थे, कलाविद् भी नहीं थे। पर वे सबसे परामर्श लेना चाहते थे, वे बात करना चाहते थे और ऐसे-ऐसे लोगों से कि आज यह बात सोची नहीं जा सकती। ऐसे-ऐसे लोग गाँधी जी के पास जाते और गाँधी जी उनको समय देते थे कि आज कल्पना नहीं की जा सकती। वे गरीब से गरीब लोगों से मिलते थे। वे आनंद कुमारस्वामी से परामर्श लेते थे। इसका अर्थ यह है कि कहीं उनके यह ध्यान में था कि हम उनके लिए जो रचना कर रहे हैं उस रचना की भित्ति उन्हीं में है। तुलसीदास का क्यों उपयोग करते हैं ? नरसिंह मेहता का क्यों उपयोग करते हैं ? रवींद्रनाथ का क्यों उपयोग करते हैं ? इसलिए कि वे जानते थे कि इन्होंने जिस नब्ज को पहचाना है इस नब्ज को अगर हम नहीं पहचाने तो हममें कहीं कमी है। लेकिन उसके बाद तो ऐसा लोहिया के अलावा कोई राजनेता मिलता नहीं। संपूर्णानंद भी थे जो जाते थे साहित्यकारों के संपर्क में।

[?] *नरेंद्रदेव ?*

नरेंद्रदेव तो थे ही। नरेंद्रदेव व्यवस्था के अंग नहीं थे। वे व्यवस्था के विरोध में थे और इसीलिए ज्यादा जानते थे। लेकिन दूसरे लोग कम थे। यह बड़ी भारी त्रासदी है कि स्वतंत्रता के बाद के राजनेता एकदम से कट गए और यह जान कर कटे कि इसकी कोई कीमत नहीं। इससे कुछ होता-जाता नहीं। लोहिया कहते थे कि एक ही भाषा आती है हिंदुस्तान में, वह है टुच्चई की भाषा। दूसरी भाषा समझ में नहीं आती। हिंदुस्तान की असली संपर्क भाषा टुच्चई है और इसीलिए इस प्रकार की भाषा, इस प्रकार के व्यंग्य की अधिकता हुई। वैसी भाषा की अधिकता नहीं हुई जिस भाषा में गाँधी जी बोलते थे। बड़ी से बड़ी चोट मुलायम भाषा में करते

थे, उस भाषा की अधिकता नहीं हुई। टुच्चई की च्वाइस अधिक हुई क्योंकि यह लोगों की समझ में ज्यादा आती थी।

? *प्रेमचंद हमारे पूर्वज लेखक थे, बड़े लेखक। संयोग से जो विधा उन्होंने चुनी, वह लोकप्रिय थी। नाम भी उनका बड़ा था। लेकिन एक बात जो मुझे खटकती है कि जब प्रेमचंद की मृत्यु हुई तो लोगों ने कहा कि बनारस में कोई मास्टर मर गया है। यह क्या है ?*

ऐसी बात नहीं है। इसको प्रचारित किया गया है। जब वे मरे तो उस समय हालत कुछ खस्ता थी। प्रेमचंद दरिद्र नहीं थे। उस समय थोड़ा वे पड़ोसियों से कटे हुए भी थे। एक कारण यह था। पड़ोसी नहीं जुटते हैं तो दूसरे लोग नहीं जुटते। पर प्रेमचंद की मृत्यु पर लोग जुटे। बहुत दुखी थे लोग। दूसरे साहित्यकार गए। बाद में पता चला। पता चलते-चलते वे जा चुके थे। उस समय कोई राजकीय शवयात्रा तो होती नहीं थी। लेकिन उसी समय प्रसाद जी गए। चूँकि उनके आसपास घर के पड़ोसी सब तैयार थे। भीड़ होती गई। पंत गए, कितने लोग गए। निराला गए, कितने लोग सम्मलित हुए। यह तो भाषा क्षेत्र की अस्मिता की बात है। महादेवी के मरने के बाद बहुत से लोग वहाँ गए। हजारीप्रसाद द्विवेदी दिल्ली में मरे। नापना इससे चाहिए कि प्रेमचंद का प्रभाव उनके मरने के बाद कितना था। उन्होंने हिंदीभाषी जैनता की मनोवृत्ति के निर्माण-विकास में क्या परिवर्तन-योगदान दिया। प्रसाद तो कवि थे और बहुत से लोग उनकी कविता पढ़ते थे। घर के आदमी थे और घर में जो लोग आते थे उनसे भी अधिक बातें नहीं करते थे। गुस्सेबाज आदमी थे। किंतु प्रेमचंद से कहीं गहरा विषाद उनके मन में था। प्रेमचंद से कहीं अधिक दूसरे प्रकार का उत्साह था उनके मन में। नव संस्कृति की चेतना थी। कल्पना, जिसकी बात आचार्य नरेंद्रदेव ने बहुत बाद में की, उसकी बात प्रसाद ने अपने लेखों में भी की है और रचनाओं में की है और उन रचनाओं में उन्होंने बड़े सूक्ष्म संकेत दिए हैं। आप 'लहर' की रचना देखिए तो लगेगा हमारे घर की रचनाएँ हैं। बात राणा प्रताप के ऊपर कर रहे हैं लेकिन पूरा-पूरा कंट्रोल गाँधी का है। नाम नहीं ले रहे हैं किसी का, लेकिन अपनी हड्डी को वज्र कौन बनाएगा यह पूरा संकेत गाँधी जी के ऊपर है। हम ऐसी चर्चा भी स्टाइनर के बारे में कर रहे थे न कि वहाँ एक दैवीय उपस्थिति होती थी। हम दैवीय उपस्थिति तो नहीं कह सकते, मगर कहते हैं कि अंतश्चेतना की उपस्थिति होनी चाहिए नहीं तो सब काम व्यर्थ हो जाएगा और इन दोनों उपस्थितियों की बात लोहिया ने राजनीति में की है। वह बहुत बाद में की है। चाहे जिस साहित्य को पढ़ा है, यह उनके ऊपर प्रभाव है। न पढ़ने की प्रवृत्ति तो स्वाधीनता के बाद अधिकांश नेताओं में रही। इससे पूर्व जितने भी नेता थे उनके पास अच्छी-अच्छी पुस्तकें होती थीं। श्रीकृष्णचंद्र सिन्हा, राजेंद्र बाबू, गोविंद बल्लभ

पंत आदि के पास हिंदी की नई किताबें होती थीं। उनके पास सूची होती थी। पूछते थे, कौन-सी नई किताब आई है। संपूर्णानंद जी के पास पुस्तकालय था। भई, पढ़ने का अब जो व्यापार है वह स्थगित हुआ है, नेहरू के युग के साथ ही वह चला गया।

? *लेकिन सवाल यह उठता है कि आजादी के पहले के साहित्य में अगर इस तरह की अंतश्चेतना थी, उसमें अपने देश का अधिक गहरा भाव था और अगर उसमें अपनी सांस्कृतिक चिंताओं के प्रखर और सक्रिय रूप थे, तो बाद में क्या हुआ ?*

ऐसा नहीं कि तिरोहित हुआ हो। बाद में तो वह प्रतीक्षा में दब गया। आरंभ के दस साल प्रतीक्षा में गए कि कोई नक्शा नया आ रहा है।

? *फिर तो बहुत थे जो कहते थे कि आजादी झूठी है।*

नहीं, वे भी थे। लेकिन अधिकतर लोग प्रतीक्षा कर रहे थे। खासकर जो मानवीय त्रासदी घटी थी 1946-47 में, उस बारे में साहित्य नहीं है ज्यादा, जो सही बातें कहे। उच्च कोटि का साहित्य बहुत कम है। नाम लेने के लिए चार, पाँच, छह उपन्यास हैं लेकिन कविता में आप सोचिए, कहाँ दर्द आया है ? उसको व्यक्त करने वाला साहित्य बहुत कम है। केवल आघात है और उस आघात के कारण लोगों ने सोचा, यह आक्रोश ठीक नहीं है। जवाहरलाल नेहरू जिद्दी थे।

जवाहरलाल नेहरू विवश करते थे, लेकिन जहाँ जनता की नब्ज जानते थे कि कहीं अलग है, झुक जाते थे। रंचमात्र भी देर नहीं करते थे। मैंने तो 1945 में उसी समय उनको वहाँ देखा है जिस समय पहला भाषण करने गए भारद्वाज पार्क में और उसी भाषण में उन्होंने कहा कि मैं आजाद हिंद फौज की वकालत खुद करूँगा और जो 1942 में घटित हुआ उस सारी हिंसा की जिम्मेदारी मैं लूँगा। इसके बाद परिवर्तन हुआ। हमको धकेल दिया गया। लेकिन हम लोगों को दर्द है। कोई राय बताने वाला नहीं। फिर पत्राचार छपा। उस वक्त प्रचारित हुआ या प्रचारित किया गया। गाँधी जी की बात में कुछ लगा रहता था। किंतु-परंतु लगा रहता था। वे कहते थे हाँ, अगर आदमी ऐसी हिंसा करता है तो वह कायरता से अच्छा है। हिंसा अच्छी नहीं है, कायरता से अच्छी है। तलवार से अगर हमें स्वराज मिले तो स्वराज हमें नहीं चाहिए। पर तलवार से अगर कोई लेने जाता है तो मैं उसकी निंदा नहीं करूँगा। उसकी ऐसी बातें अधूरी रख देंगे तो गड़बड़ हो जाएगा। अधूरी बात रखी गई। जानबूझ कर अधूरी बात रखी गई। बड़े सड़े-गले कागज पर छोटी-सी किताब है वह जो मुफ्त बँटी थी विद्यार्थियों में।

? *किसने बाँटी थी ?*

हमारी अंधी सरकार ने बाँटी थी। लोग वहाँ खड़े थे। जिनका कोई लेना-देना नहीं था। पंडित जवाहरलाल नेहरू ने पकड़ लिया, कुछ गड़बड़ है।

तो प्रतीक्षा करने के लिए जो एक विवशता हुई उसके कारण यह हुआ। गाँधी जी प्रतीक्षा कर रहे थे। कुछ नहीं बोल रहे थे। यह उसका एक कारण है और प्रतीक्षा करने के बाद आदमी कभी-कभी मर भी जाता है और तुरंत राष्ट्र के नाम की गई योजनाएँ, नए भारत के निर्माण में नए-नए स्थान पर नए-नए विकास हुए। ये बड़े महल थे। भाखड़ा-नंगल बाँध की शुरुआत, इसकी-उसकी शुरुआत। नए तीर्थों की कल्पना हुई। लोग भूल गए मूल मुद्दों को। एक यह मुख्य कारण है क्योंकि जब मोहभंग हुआ तो देर हो चुकी थी। लोग कहने लगे, नकारने की बात तो 1944 से शुरू हो गई थी। उसी समय नकारना था। नकारने वाले थोड़े से लोग थे। राजनीति में वे लोग अधिक थे और साहित्य में बहुत कम लोग थे।

? *पर यह अपने आप में विडंबना नहीं है कि आजादी के बाद का जो ज्यादातर साहित्य है वह एक तरह से व्यवस्था विरोधी साहित्य है। व्यवस्था विरोध तो एक लगभग सिद्धांत सा बन गया। इसी के आधार पर हमने जागना शुरू किया।*

1955 के बाद तो हममे विरोध शुरू हुआ। लेकिन विरोध और नकार में अंतर होता है। पूर्ण रूप से नकार नहीं चलेगा। ऐसा नहीं हुआ, जो पहले हुआ था।

? *लेकिन जो नक्सलवादी लोग थे वे तो संपूर्ण नकार के लोग थे। वे तो कहते ही थे कि पूरी व्यवस्था जो है वह नाकाफी है और यह नहीं चलेगी।*

वे तो ऐसे नकार के लोग थे जो देश को भी नकार रहे थे। ऐसा नकार तो नहीं चलता है न। नकार का कोई आधार होता है—यह होना चाहिए या नहीं होना चाहिए। ऐसे तो नहीं चलता है। उसका प्रभाव आतंक का चाहे हो, एक चमत्कार का चाहे हो, लेकिन स्थायी प्रभाव नहीं पड़ सकता। कभी नहीं पड़ेगा। सकारात्मक दृष्टिकोण से किसी ने कहा संविधान बन रहा है, हिंद स्वराज लाओ। राजनेता नहीं चाहते थे, बाहर के लोग कहते थे। दूसरे प्रश्न बड़े गौण प्रश्न हैं। मूल प्रश्न थे कि भारतीय आवश्यकता क्या है, भारतीय साधन क्या हैं, भारतीय स्वप्न क्या हैं, इसकी बात की नहीं गई। यह बिल्कुल सच है।

? *यह बात राजनीति में नहीं की गई कि साहित्य में भी नहीं की गई ?*

साहित्य में भी नहीं की गई। बाद में तो एक मोहभंग होता है। लेकिन बाद में लिखना लोगों ने शुरू किया।

? *पर बाद में मतलब–*

आजाद देश में थे हम लोग। उपनिवेशवाद के खिलाफ लड़कर हमने स्वतंत्रता पाई थी और हम एक झूठे जनतंत्र के नहीं हो सकते थे। तो दोष तो है ही कि आरंभ में ही हम भुलावे में आ गए, इसमें कोई संदेह नहीं।

? *आपकी बात से यह लग रहा है कि एक तरह से तो आजादी के बाद की राजनीति कुल मिलाकर और आजादी के बाद का हिंदी साहित्य भी कुल मिला कर दोनों ने ही वही कोताही की है देश के साथ या समाज के साथ। मुख्य प्रश्न से साहित्य ने भी वैसा ही अपसरण किया है जैसा राजनीति ने। तो एक तरह से तर्क तो यह बनाया जा सकता है कि इस समाज की जैसी राजनीति वैसा उसका साहित्य है। दोनों अन्योन्याश्रित हैं।*

ऐसा तो होता है अशोक, साहित्य राजनीति से भले अप्रभावित हो, राजनीति व्यवस्था से अलग कैसे होगी ? जो व्यवस्था में रहेगा तो वह व्यवस्था को किसी न किसी रूप में स्वीकार करेगा ही। व्यवस्था को छोड़ कर कैसे रहेगा ? जब आदमी जंगल में रहता था, तपस्या करता था तब भी उसके लिए व्यवस्था थी कि उसके ऊपर कर नहीं लगेगा। उसको छूट थी कुछ। तो व्यवस्था थी तब तो कर सकता था वह कुछ। बिना व्यवस्था के तब भी नहीं कर सकता था। व्यवस्था तो सबको चाहिए। प्रश्न यह है कि जो अंतर हुआ देश के आजाद होने पर, वह यह कि हमने देश को राष्ट्र बनाया, फिर राष्ट्र को राज्य में समर्पित कर दिया और राज्य को सत्ता में समर्पित कर दिया इसलिए अब सत्ता ही सब कुछ है। संबोधित करना था देश को। संबोधित करना था राज्य को कि तुम कौन होते हो। हमने सत्ता को क्यों संबोधित किया ? अर्जी लगाई। अर्जी लगाने की जो परंपरा बनी थी, वही अर्जी लगाई। कहा नहीं कि यह हमारा अधिकार है। अधिकार की माँग तो बहुत बाद में शुरू होती है और जिन थोड़े-थोड़ों ने अधिकार की बात की वह जिस तरीके से की उस तरीके की सर्वग्राह्यता हिंदुस्तान में कभी नहीं होगी। इसमें कोई संदेह नहीं, हिंदुस्तान क्या, किसी देश में नहीं होगी। लेकिन हिंसा के द्वारा, आतंक के द्वारा कोई अपनी बात प्रचारित करना चाहे तो वह हिंदुस्तान में नहीं होगी। उसका प्रतिकूल प्रभाव पड़ेगा।

? *अगर कुल मिलाकर इस आकलन को फिलहाल मान भी लें तो क्या इसमें ऐसे कोई तत्त्व नहीं रहे हैं जो सक्रिय हैं, जिन्होंने इस पूरे तंत्र, इस पूरी व्यवस्था पर प्रभाव डाले हों ?*

हमने साधारण की बात की, विशेष की बात नहीं की। अभी तक साधारण स्थिति तो यह है। विशेष स्थिति नहीं हुई तो आदमी जिएगा कैसे। विशेष स्थिति तो हो गई होगी। कहीं उकसावा तो होगा ही। हमेशा ऐसी प्रतिक्रिया हुई है। थोड़े

से लोगों से शुरुआत हुई है। किसी भी देश में देख लीजिए शुरुआत बहुत कम लोगों से हुई है। आप उसी दौरान ऐसे संकेत एक जगह नहीं कई जगह पाते हैं। वह हिंदी साहित्य में भी है और दूसरे साहित्यों में भी कहीं वह बड़ा दबा हुआ स्वर है। कहीं प्रखर है लेकिन 1955 से लेकर 1962-63 तक ऐसे मनुष्य में विश्वास जो सत्ता में नहीं था, जिसको बौना आदमी कहते हैं, छोटा आदमी कहते हैं, लघु मानव कहते हैं, वह तमाम रचनाकारों में हिंदुस्तान में आया था। रेणु में, अज्ञेय में, जो एक अच्छे कहानी लेखक हैं, उस समय जो कि एक अत्यंत सामान्य व्यक्ति के भीतर कहीं एक दर्द है और वह दर्द अधिक तेजस्वी है। स्वाधीनता के तीन-चार वर्षों बाद, 62-63 की कई रचनाएँ अच्छी रचनाएँ हैं। औपन्यासिक कृतियाँ, कविता कृतियाँ ऐसी ही हैं जो निश्चय ही संकेत दूसरी ओर करती हैं। वामनदास 'मैला आँचल' का पात्र है। बहुत ही प्रखर है। मैला आँचल के बाद मैं रेणु के सबसे अच्छे उपन्यासों में 'जुलूस' को मानता हूँ। छोटा-सा उपन्यास, बड़ा गठा हुआ। उसमें एक बंगाली लड़की है जो खड़ी होती है। उसकी तेजस्विता में, उसके विरोध सहने की क्षमता में जो कहना चाहा है वह गहरा संदेश है कि कैसा दर्द है विभाजन का कि जो आदमी अपने यहाँ आया है उसके साथ विश्वास कैसे हो। इस दृष्टि से मैं उसे बड़ा अच्छा उपन्यास मानता हूँ। कविता में तो अज्ञेय की कविताएँ हैं, नवीन की कविताएँ हैं। बहुत सारी कविताएँ हैं। खासकर जो गाँधी जी की मृत्यु पर उनकी कविता है, बड़ी बेधक कविता है। इसमें गाँधी की मृत्यु का शोक नहीं है। शोक तो मनुष्य का है जिसने गाँधी को मारा है, गाँधी के विचारों को मारा है। क्या हो गया है यह सब सोचने वाला कोई नहीं है। गाँधी जी के बारे में सोचने वाली यह लंबी कविता है। उस अवधि की रघुवीर सहाय और सर्वेश्वर दयाल सक्सेना की भी कुछ कविताएँ बड़ी प्रभावकारी रचनाएँ हैं। देखने में तो लगता है कि यह पलायनवाद है जैसे मार्कंडेय की कहानियाँ हैं या शिवप्रसाद सिंह की कहानियाँ हैं लेकिन वहाँ प्रश्न उठा लिए गए हैं। छोटे परिवेशों से ही प्रश्न उठा लिए गए हैं। वे प्रश्न उस समय उठ गए थे यह बात सही है। इन प्रश्नों को आगे बढ़ाया नहीं गया, यह बात भी सही है। लेकिन प्रश्न उठाए गए उस अविध में। बड़ा सक्रिय काल है वह आधुनिक हिंदी साहित्य की दृष्टि से। सही रूप से रचनात्मक काल है कि जब निराला विवश होते हैं ऐसे प्रश्नों के सामने आने से। विषाद से संबंधित कविताएँ उसी दौर की हैं। तो उस विषाद में भी एक लोगों को उकसाने वाला भाव है। इसी तरह की कुछ कहानियाँ बहुत अच्छी हैं। जैसे मार्कंडेय का मैंने नाम लिया। बहुत ईमानदारी से कहता हूँ उसी अवधि में दो-तीन कहानियाँ जैसे 'गुलकी बन्नो' कहानी है, बड़ी मार्मिक है। तो यह साहित्य आखिर उसी समय का है जबकि सारे प्रश्न खड़े हुए हैं। उसी के नाते आधुनिकता को एक भित्ति मिली है। हमारी आधुनिकता यही है। इस पर जो लोग पश्चिम की नकल समझते हैं वह मैं नहीं मानता। हमारी आधुनिकता यही

है। अपने प्रश्नों से टकराने की शुरुआत उसी समय हुई क्योंकि पहले की जो शुरुआत है वह दूसरे प्रकार की है। यह शुरुआत सही शुरुआत है।

? *अगर हम यह सोचें कि यह जो पूरे सौ साल हैं आखिर यह खड़ी बोली को मिली पहली पूरी शताब्दी है। और एक तरह से हम मानते हैं कि हमारी आधुनिकता भी इसी में शुरू हुई और बनी-बिगड़ी जैसी भी हुई। अगर हमने पूरे इस सौ साल को लेकर पाँच-सात प्रश्न ही उठाए हों तो ये हमारे सबसे महत्त्वपूर्ण प्रश्न हैं जो हमने या तो उठाए हैं या उठाने से मान लीजिए चूक ही गए हैं। वे कौन से प्रश्न हैं ?*

तीन प्रश्न तो मेरे दिमाग में आते हैं। चौथे दशक का एक संग्रह है नवीन का। इसकी दो भूमिकाएँ बड़ी महत्त्वपूर्ण हैं। एक भूमिका है जिसमें उन्होंने मार्क्सवाद के बारे में प्रश्न उठाए हैं। बड़े गहरे प्रश्न हैं। पाँचवें दशक में वैसे ही दो-तीन प्रश्न नरेंद्र देव ने उठाए हैं। मनुष्य का विश्वास खोकर, मनुष्य का एक दूसरे से ऊपर प्यार खोकर हमने क्या पाया ? हर प्रश्न पर बहुत अच्छी बहस की है, बड़े उच्च स्तर की। वैसी बहस आज कभी नहीं मिलेगी। और दूसरी भूमिका उनकी है जिसमें उन्होंने भौतिकी के सिद्धांतों की चर्चा की है कि सारी दुनिया का विचार बदल रहा है। अब ये विरोध से शक्ति बनती है, अपोजिशन से शक्ति बनती है। अब यह विश्वास नहीं रह गया है। ये दोनों भूमिकाएँ मैं समझता हूँ बहुत महत्त्वपूर्ण हैं जिनमें ये प्रश्न उठाए गए और ये पूर्वार्ध में ही उठा दिए गए। शताब्दी के पूर्वार्ध में ही। स्वाधीनता के आसपास ही उठाए गए और एक प्रश्न इससे पहले और उठाया—पर्यावरण के संबंध में। वह है कविता 'हृदय का मधुरभाव।' उसका उल्लेख कम हुआ है लेकिन बड़ी जबर्दस्त कविता है आचार्य रामचंद्र शुक्ल की, जिसमें उन्होंने कहा है कि तुम मनुष्य प्रेत की तरह विचरण करोगे, इस तरह से पेड़ों को काटते चले जाओगे तो। बड़ी लंबी कविता है। तो ये प्रश्न जो उस समय उठाए गए बाद में फिर उठाए गए। जो प्रश्न उठाए गए, उस समय कि आदमी का प्यार नहीं रहेगा, ये प्रश्न बाद में भी उठाए गए। पर ये 1980 की कविता में उठाए गए, बीच में नहीं। बीच में तो वर्जित हैं, बाद में फिर उठाए गए। प्रश्न तो लौटते हैं, कहीं जाते नहीं, खोते नहीं हैं। कहीं-कहीं से आकर फिर घेर लेते हैं। तो ये तीन प्रश्न तो मुझे बहुत महत्त्वपूर्ण लगे जो सारे विश्वचिंतन से जुड़ने वाले थे और साथ ही साथ अपने विचारों को परिपुष्ट करने वाले थे, माँजने वाले थे। अपनी विरासत को माँजने वाले थे, अपनी विरासत के सत्व को माँजने वाले थे कि जो है उसे स्वीकार करो।

? *हमारी विरासत के कौन से ऐसे प्रश्न हैं जो अब भी हमारे साथ हैं।*

सबसे बड़ा प्रश्न यही है कि इतिहास के महत्त्व को सीमित मानना। इतिहास

को हावी न होने देना हमारी आधुनिकता है, जो इस प्रश्न को उठाने से शुरू होती है। इतिहास एक आवश्यकता है, एक पैमाना है, मनुष्य को समझने का। उन पैमानों की बात हमने सोची इसीलिए इतिहास ने महत्त्व लिया। अस्मि को महत्त्व दिया, आसीत को महत्त्व नहीं दिया। मैं हूँ, मैं हो रहा हूँ, इसको अधिक महत्त्व दिया गया। मैं था, मैं हुआ, उसको महत्त्व नहीं दिया। मैं हुआ से नियंत्रित नहीं हूँ। मैं हूँ। दूर तक इसका प्रभाव है। मैं हूँ और भी बहुत सारी परिस्थितियाँ हैं। यह प्रश्न बुनियादी प्रश्न था, परंपरा से पाया हुआ, विरासत में पाया हुआ। दूसरा प्रश्न था वह भी विरासत में मिला। वह भी पर्यावरण से जुड़ा हुआ है। मैं हूँ लेकिन मेरे साथ यह भी है और मेरा होना इसके ऊपर भी निर्भर है। और यह भी हमारी परंपरा से जुड़ा हुआ प्रश्न था। यानी हमारी समाज की रचना का आधार इस प्रकार का लोक संग्रह था। जो भी चिंता का आधार था वह व्यवस्था का था, व्यवस्था का आधार समाज नहीं था। समाज का तो प्रयोग नहीं कर पाए। बहुत बाद में समाज का प्रयोग शुरू हुआ। समाज का तो अर्थ भी नहीं था। उस समय तो संगठन के रूप में समाज का अर्थ नहीं था। प्रयोग ही नहीं था। जैसे आम आदमी का प्रयोग नहीं था, सर्वसाधारण का प्रयोग था पत्रों में। भारतेंदु से लेकर माधवप्रसाद मिश्र तक सर्वसाधारण थे। सर्व शब्द का प्रयोग बड़ा इंपोर्टेंट है वहाँ। समाज का उपयोग नाटक के रसिक के रूप में था और कहीं नहीं है उसका प्रयोग। हमारे यहाँ तो ऐसा समाज था ही नहीं, हमारा समाज नहीं, हमारा लोक है। कहा जाता है कि राजनीति को लोक से चलना चाहिए। राजनीति में मनु तक ने कहा कि इसके लिए लोक प्रमाण ही विश्वसनीय है। लोक का अर्थ है दृष्टि से। अनुभव गोचर है जो इंद्रिय गोचर है। यह इंद्रिय गोचर संसार का महत्त्व था और यह महत्त्व 19वीं शताब्दी में तिरोहित हुआ नकली आध्यात्मिकता से। वह बात हमारी बुनियादी थी जो दबी। इसको उठाना चाहिए। थोड़ी-सी उठीं। वैसे अध्यात्म की बात थोड़ी उठी ज्यादा नहीं उठी। कुछ लोगों ने उठाई कि हमारा अध्यात्म नहीं है यह। जिसे पश्चिम वालों ने कह दिया कि अध्यात्म की सारी पूँजी हिंदुस्तान के पास है और कुछ है ही नहीं उनके पास, उससे हमारा कोई लेना-देना नहीं था। ईश्वर से लेना-देना था। जो हमारे रोजमर्रा की जिंदगी में न हो, दैनंदिन जिंदगी का हिस्सा न हो, ऐसे अध्यात्म से क्या लेना-देना जिसकी प्रतीति हमें अपने जीवन में नहीं होती। तो यह भी एक बुनियादी प्रश्न था जिसको उठाना चाहिए। आमतौर पर ऐसा माना जाता है कि न सही उस अर्थ में जिस अर्थ में पश्चिम ने भारतीय आध्यात्मिक परंपरा की रूपरेखा बनाई और हममें से ज्यादा पढ़ों-लिखों ने गटगट पी लिया। लेकिन कुल मिलाकर यह भी माना जाता है कि हिंदी में जो आधुनिकता का विकास हुआ इस शताब्दी में, वह कहीं न कहीं उसके यानी हिंदी समाज के अध्यात्म की हानि या क्षति पर भी आधारित है या कम से कम उसके साथ-साथ यानी वह समाज जैसे-जैसे हिंदी भाषा और हिंदी रचनात्मकता

जैसे-जैसे आधुनिक होती गई, मनुष्य के जो आध्यात्मिक प्रश्न हैं, मृत्यु-नियति उनका एक गलत अर्थ लगा कर तटस्थ हुई है। अध्यात्म की बात उसने की है, लेकिन उसे अध्यात्म कह कर नहीं की है। यह मैं कहता हूँ। जीवन के सार की बात की है। जीवन के मूल प्रयोजन की बात की है, लक्ष्य की बात की है, सहज की बात की है। अध्यात्म तो सहज ही है। स्वभाव तो असली भाव है, वही उसका अध्यात्म है, तो इस बात का तो नाम नहीं लिया और बात की तो ऐसी कि जैसे अजूबा बात कर रहे हों कि कहीं परंपरा नहीं तो हम तो अलग बात कर रहे हैं, लेकिन परंपरा में तो भिनी हुई बात है।

तो इसलिए मैं नहीं मानता कि बात नहीं हुई है। बात को नाम दूसरा दिया है। बिना जाने, बिना समझे, समझा नहीं है पूरी तरह से। एक चश्मा दे दिया गया कि अपने को इस तरह से देखो। तो इसी बात में हमारा दोरुखापन है कि हम उसको परंपरा मानते हैं जिसको पश्चिमवालों ने हमारी परंपरा बना दिया है। उस शिक्षा ने कह दिया कि यह तुम्हारी परंपरा है। यह हम लोगों की परंपरा नहीं है। एक छोटी-सी बात बताता हूँ। 1837 की। तुम पता लगा सकते हो। उस समय एक गुप्त आदेश जारी हुआ कि हरिजनों को सेना में भर्ती न किया जाए। ब्रिटिश शासन का है यह आदेश और जाति के आधार पर सेना में चुनाव हुआ है। शिवाजी ने नहीं किया है। राणा प्रताप ने नहीं किया। जिन्होंने अपनी सेनाओं का संगठन किया इस आधार पर नहीं किया। उनकी सेनाओं में महारथी भील थे। सेना का रणकौशल या शरीर की पुष्टता का मापदंड केवल एक मखौल है। तो हमने माना यही परंपरा है। और चुपचाप हमने जो स्वीकार किया और जो एक सत्यान्वेषक प्रवृत्ति की कमी आई है चिंतन के धरातल पर, कि जो ये कहते हैं वही सत्य है इसके बाद तुम स्वयं जाँचो, यह नहीं। यह दुखद स्थिति थी इसीलिए अध्यात्म को भी हमने उसी रूप में स्वीकार कर लिया। जैसा कि उन्होंने कहा हमारा अध्यात्म ऐसा है, वैसा है। बहुत सच्चा है, बहुत बढ़िया है तो उसे हमने स्वीकार कर लिया कि सचमुच हम गुरु हैं। गुरु तो तब होंगे जब आचरण करेंगे। अध्यात्म पर जिएँ तो तब गुरु हों। यह तो सोचा ही नहीं कि जिन गुरुओं की चर्चा की है वे सब अध्यात्म पर जीने वाले थे। याज्ञवल्क्य जैसे आध्यात्मिक चिंतक कहते हैं कि भाई हमें तो ज्ञान चाहिए क्योंकि हमारी बड़ी पाठशाला है। बच्चों को दूध चाहिए। हम तो गाएँ पालते हैं। यहाँ से बात शुरू करते हैं। ब्रह्म चिंतक, ब्रह्मवादी तो इसी ठोस धरातल पर बात करते हैं और बात करते ले जाते हैं शिखर तक। लेकिन चलते हैं जो दृश्य है, जो सामने दिख रहा है उससे। जो सामने की आवश्यकता है उससे चलते हैं। चर्चा भूख और प्यास से शुरू होती है। श्रीकृष्ण का उपदेश भी यहीं से शुरू होता है। मनुष्य की भूख-प्यास की पहचान से अध्यात्म शुरू होता है। तो उस अध्यात्म को एक नकली चश्मे में हम देखने लगे और भूल गए कि अध्यात्म क्या है ? यह भी नहीं देखा

कि क्या कबीर कह रहे हैं क्या तुलसीदास कह रहे हैं, क्या कह रहे हैं वह कि भागवत होने का प्रमाण क्या है। और कह रहे हैं कि तुम करते क्या हो ! कैसे रहते हो। कैसा तुम्हारा आचरण है। यह तो प्रमाण नहीं है। तो ये बुनियादी सवाल थे और ये बुनियादी सवाल उठाए जा रहे हैं लेकिन बहुत समय तक नहीं उठाए गए। समय बर्बाद किया गया।

? *आप तो भारतीय परंपरा के सत्व संशोधक विद्वान् भी हैं। अगर हम हिंदी की अपनी जो भी परंपरा है, जैसी बनी-बिगड़ी है—पिछले सौ साल की आधुनिक परंपरा है—उसको आप अगर इस बड़ी परंपरा में गूँथना चाहें या लोकेट करना चाहें, अवस्थित करना चाहें तो कैसे करेंगे ? यानी यह विचलन है या उसका एक पुनर्नवा रूप है ?*

ऐसा अलग करके कैसे सोच सकते हैं ? हिंदी भाषा को ही लें तो भी कैसे सोच सकते हैं कि यह विचलन है। विचलन क्यों है। स्थगन होता है कभी-कभी। कभी चीजें आवरणों से ढँक जाती हैं। कभी-कभी ऐसा होता है कि विरोध के द्वारा ही सहमति व्यक्त होती है। तो ऐसी बहुत सारी चीजें हैं जिनकी अभिव्यक्तियों के कई प्रकार होते हैं और पश्चिम के चिंतन पर प्रश्न करने की वृत्ति तो हिंदी में ही शुरू हुई। माधवप्रसाद मिश्र ने बहुत सारे निबंध लिखे। चंद्रधर शर्मा गुलेरी ने कई निबंधों जैसे 'कछुआ धर्म' आदि में यह उठाया। उन सबमें अपने ढंग से सोचने की बात थी। अध्यात्म के नकलीपन के बारे में सबसे पहले चोट की, इतिहास के बारे में सबसे पहले नई बात शुरू की गौरीशंकर हीरानंद ओझा ने। यह अलग बात थी कि उनकी स्वीकृति हमारी शिक्षा में बहुत बाद में मिली। काशीप्रसाद जायसवाल ने, राखालदास बंद्योपाध्याय ने, इन सबने नई दृष्टि में सोचने की बात की कि किसी इतिहास को समझना है तो इस रूप में नहीं समझा जा सकता। लेकिन उस समझ का दबाव इतना बढ़ रहा था कि उसमें द्वैत तो रहा पर उससे मुक्ति पाने की तड़प नहीं थी। और आज का बुनियादी प्रश्न इस द्वैत से मुक्ति पाने का है। एक द्वैत जो रहा है शिक्षित मन में कि कहीं वह बात भी सही ही होगी। ये सारे प्रश्न हिंदी में भी आए हैं और ये सब दो-तीन दशकों में आए हैं। जो पहले ऐसे प्रश्न नहीं उठाते थे वे भी अब उठाने लगे हैं। दयाकृष्ण ऐसे प्रश्न नहीं उठाते थे। अब उठाने लगे। दयाकृष्ण तो दरअसल पश्चिमी दर्शन के बहुत ही प्रसिद्ध आदमी हैं। प्रखर पंडित हैं वे। कैसे उठाने लगे। कुछ परिवर्तन हुआ है उनमें।

? *यह तो खैर पिछले पंद्रह-बीस वर्षों में भारतीय बुद्धि का पुनर्वास एक तरह से होना शुरू हुआ।*

पुनर्वास तो अभी नहीं कहेंगे। लेकिन भारतीय बुद्धि को अवज्ञा की दृष्टि से

जो देखा गया, उसमें परिवर्तन हो रहा है। पुनर्वास तो नहीं कहेंगे। पुनर्वास में अभी देर है। अभी बहुत से लोग जीवित हैं। उसका एक कारण यह भी है कि पश्चिम के लोग अवज्ञा की दृष्टि से देख रहे हैं यह लगा, तो जरा खटका हो गया कि कहीं हम लोग पिछड़ न जाएँ। लेकिन अभी पुनर्वास हुआ नहीं। पुनर्वास होने में व्यवस्था में भयंकर परिवर्तन होंगे। सोचने की व्यवस्था में। तर्क की शुरुआत ही गलत होती है हमारे यहाँ। इंडक्टिव-डिडक्टिव को अलग मानना ही गलत है। पश्चिम का जितना सोचना है, वह गणित में सोचना है। उसकी भाषा गणित है। गणित एक विशेष प्रकार का कंस्ट्रक्शन करता है, अमूर्तीकरण का। और कोई काम नहीं करता। जितनी वास्तविकताएँ हैं, इन सबमें एक समान वास्तविकता है। उसका नाम दे दो क और फिर ख है, ग है, इन सबको अलग कर दो। वर्गीकरण करो। उनकी कोटियाँ बनाओ, इनकी राशियाँ बनाओ। लेकिन भारतीय चिंतन की भाषा शुरू से ही व्याकरण रही है। जिसे कहते हैं वेद का मुख्य व्याकरण। वेद माने ज्ञान का मुख्य व्याकरण और व्याकरण का अर्थ केवल विकरण नहीं है। अलग-अलग कोटियों में विभाजन नहीं है बल्कि उनको फिर ला करके संबंधित करना होता है, असंबद्ध नहीं। कोटि एक कोटि से असंबद्ध है।

एक अननोन है, एक नोन है, एक ज्ञात है, एक अज्ञात है, ऐसा नहीं है। दोनों में संबंध है और व्याकरण संबंधों की चर्चा है न कि राशि की। राशि है, किंतु संबद्ध राशि है और इस रूप में सारा चिंतन शुरू होता है कि इस शब्द का मूल अर्थ क्या है। कहीं कोई बात शुरू होगी दर्शन में कि इसका मूल अर्थ क्या है। अर्थात् कितने अर्थों की इसमें संभावना है। किन-किन अर्थों से वह जुड़ता है। अवगति बनेगी, अधोगति बनेगी। तो इन संबंधों को जो परस्पर विरोधी रूप में देखते हैं, वह व्याकरण में नहीं है। व्याकरण समीकरण नहीं है, वहाँ विन्यास है। और विन्यास कैसे है ? संबद्धता के आधार पर, फंक्शंस के आधार पर। तो आज का गणित इस ओर गया है लेकिन व्याकरण बुनियादी तौर पर एकीकरण का है। वह आकलन करता है। उसको फिर जोड़ता है। तो फिर वह हमारे चिंतन की भाषा नहीं है। और इसका पर्याप्त प्रभाव पड़ा है। इससे प्रभाव यह पड़ा है कि इस चिंतन में न्यूटन नहीं पैदा हो सकते। एक आर्किमिडिज नहीं पैदा हो सकते थे। ऐसी कल्पना करनेवाले और नहीं हो सकते थे। वे एक केंद्र बनाने वाले हो ही नहीं सकते थे। अनेक केंद्र एक साथ काम कर रहे हैं जो आज की वोटिंग में काम कर रहे हैं तो यह बात इस प्रकार के चिंतन में थी, इसीलिए आज का गणित लड़खड़ा रहा है। फेल कर रहा है कंप्यूटर के क्षेत्र में। मूल कारण यही है कि उसकी सीमा है।

वे लोग तलाश में हैं। उनकी तलाश उचित है और तलाश हो भी रही है। काफी काम हो रहा है लेकिन राह नहीं मिल रही है। लेकिन उनको लगता है कि व्याकरण में कहीं कोई राह हो। या इस चिंतन की प्रणाली में राह हो। आज की

दृष्टि में जबकि सूचना तकनीक एक क्रांतिकारी परिवर्तन लाने जा रहा है, केंद्रीकरण से विकेंद्रीकरण की ओर ले जाएगा वह। यातायात की व्यवस्था को बदल देगा। सड़क बनाने की आवश्यकता को कम कर देगा। सारा काम होगा उससे और संभव है इस शताब्दी के अंत तक हो भी जाए। ऊर्जा के क्षेत्र में अगर कुछ भी हल मिल जाए तो दूसरा क्रांतिकारी परिवर्तन होगा और सारे परिवर्तन छोटे हो जाएँगे। जो इस शताब्दी में हुए हैं हर क्षेत्र में बड़े क्रांतिकारी परिवर्तन, वे सब धूल में मिल जाएँगे। बिल्कुल नए तरीके से सोचने की जरूरत पड़ेगी, तो अब ऐसे सवाल जहाँ कहीं उठाए गए हैं, शायद जवाब न हों। सवाल हैं अगर तो उनको उठाने की बात है।

? *अभी आप जो अटकल लगा रहे थे कि हमारा जो चिंतन है वह व्याकरण है और उनका चिंतन गणितात्मक है तो कई बार अगर आप विश्व दृश्य देखें विचार का, तो ऐसा लगता है जैसे व्याकरण गणित होने की एक दयनीय चेष्टा कर रहा है इतने वर्षों से, जबकि गणित अब व्याकरण होने की आकांक्षा कर रहा है। क्योंकि एक दूसरी तरफ जा रहा है दूसरा दूसरी तरफ जा रहा है। हम खामख्वाह जो हमारे पास है वह गँवा रहे हैं। जोसेफ ब्रॉड्स्की ने कहा है कि ज्ञान की दो ही पद्धतियाँ हैं। एक पश्चिम की है जो विश्लेषण की है और एक पूर्व की है जो संश्लेषण की है। और उसमें कविता का औचित्य यह बताया कि इसमें ज्ञान की इन दोनों ही पद्धतियों का मेल होता है। इसलिए कविता की हमको जरूरत है। हमको ज्ञान की दोनों पद्धतियाँ चाहिए, एक से हमारा काम नहीं चलेगा। यह उसने कविता का औचित्य निरूपित किया।*

हम अटकल नहीं लगा रहे थे। यही वास्तविकता है। आगे की बातचीत फिर कभी।

अच्छी भाषा अच्छी मनुष्यता है

भेंटकर्ता : नर्मदा प्रसाद उपाध्याय

? *ललित निबंध के संबंध में आपने माना है कि इसकी व्याप्ति जो है सीमित होती है, तो ललित निबंध है रम्य रचना है, इस प्रकार का जो गद्य लिखा जा रहा है हिंदी में तो यह क्या सब व्यक्ति व्यंजक निबंध में समाहित हो जाता है ?*

व्यक्ति व्यंजक निबंध में समाहित हो जाता है यह तो मैं कहता हूँ। कल कोई आएगा कहेगा, नहीं व्यक्ति व्यंजक निबंध में नहीं सब समाहित होता है, दूसरा नाम देना चाहेगा, क्योंकि लक्ष्य हमेशा आगे चलता है, लक्षण पीछे ही रहता है। यह जो ललित निबंध नाम दिया गया है, व्यक्ति व्यंजक नाम दिया गया है, लक्ष्य के विस्तार के कारण दिया गया है, लक्ष्य की विशिष्टता के कारण दिया गया है। जिस समय ललित नाम दिया गया कोई दूसरा नाम नहीं था। निबंध कहने से काम नहीं चलता था इसलिए ललित नाम दे दिया गया और लालित्य का अर्थ कोमलता ही नहीं है। लालित्य का अर्थ औचित्य का निवेश है। इसलिए यदि कुमार संभव में रति विलाप में रति कहती है कि मेरा आज का शृंगार—तुम्हारा चिता भस्म है, तो यह औचित्य है। रति जैसी सुंदरी चिता-भस्म का आलेपन करें वह भी अपने वक्षस्थल पर, तो लगेगा यह कैसी उल्टी-पल्टी बात है, लेकिन यह उस विलाप के अनुकूल मदन दहन के बाद की घटना के अनुकूल उचित है। इसलिए जहाँ औचित्य का सन्निवेश हो, वहाँ लालित्य रहता है। यह हमारे कलाशास्त्र की अवधारणा रही है और यही साहित्य शास्त्र की भी अवधारणा रही है जहाँ-जहाँ लालित्य का, ललित शब्द का प्रयोग हुआ है और इसकी चर्चा छोड़िए, निबंध लिखा जाता है या यह लिखा जाता है भगवान् जाने पर निबंध जिसे हम लोग कहते हैं, व्यक्ति को व्यंजित करने वाला है उसे मैं मानता हूँ व्यक्ति के द्वारा व्यंजित होने वाला है। व्यक्ति तो माध्यम होता है कि

मेरे जीवन में ऐसी घटना घटी, मेरी लड़की, मेरी माँ की बात के द्वारा वह संसार की माँ संसार की लड़की की बात करना उदिृष्ट होता है। एक विशेष से साधारण की यात्रा, यात्रा न कहें बल्कि उड़ान कहें, उड़ान लेना अभीष्ट होता है।

? *आपने 100 के लगभग पुस्तकें लिखी हैं 'उत्तर गीत गोविंद' जैसी प्रसिद्ध काव्य की पुस्तक भी है, 'पानी की पुकार' जैसा काव्य संकलन भी है, भारतीय कलादर्शन के संबंध में भी हैं आपकी पुस्तकें और क्रिएटिव्ह माइंड, डिस्क्रिप्टिव टेकनीक ऑफ पाणिनि जैसी शास्त्रीय पुस्तकें भी हैं, लेकिन ज्यादातर ललित निबंध की पुस्तकें हैं और व्यक्ति व्यंजक निबंध की पुस्तकें हैं या निबंध की पुस्तकें हैं और जैसा कि आपने चर्चा की स्मृतियों के संबंध में तो मेरे मन में अचानक ध्यान आया आपके सुप्रसिद्ध निबंध का 'मेरे राम का मुकुट भीग रहा है' आजकल ऐसा क्यों हो गया कि ऐसे मन नहीं मिलते, ऐसे मन क्यों विरल हो गये जो इस तरह के हृदयस्पर्शी, मार्मिक और स्मृतियों को सहेजे जाने वाले निबंध रचे जा सकें।*

मन क्यों नहीं मिलता ? मनुष्य का हृदय तो सर्वत्र एक ही तरह स्पंदित होता है, स्पंदित होता रहेगा, लेकिन हृदय के स्पंदन से ही केवल रचना हो जाय ऐसा होता नहीं है। रचना के लिए कुछ और भी चाहिए, संस्कार चाहिए, प्रतिभा चाहिए और प्रतिभा से अधिक चाहिए भीतर की एक विवशता कि कहे बिना रहा ना जा सके। यह विवशता क्या है ? यह विवशता है संप्रेषण की विवशता, कि मेरी अपनी नहीं है यह मेरा यह कोई न अपना अनुभव है, न मेरी अपनी यह भाषा है, सबकी भाषा है, सबका अनुभव है, मैं अकेला इसको लेकर नहीं रह सकता। मैं अज्ञेय के शब्दों का प्रयोग करूँ, इस घास-फूस के छोटे से आग के टुकड़े में आग को सम्हाल नहीं सकता। इस आग को यहाँ-वहाँ रखना होगा, यह हाथ जला देगी। उसी प्रकार का अनुभव होता है। मन जला देने वाला तन जला देने वाला। उस अनुभव को भाषा देना होती है और भाषा वह होगी जो सबकी साझेदारी की भाषा होगी, उससे बहुत दूर होगी तो नहीं संप्रेषित नहीं होगी बहुत ऐसी होगी, जो कि उसकी लगेगी और नकली लगेगी और संप्रेषित नहीं होगी इसलिए भाषा में कुछ बनना होता है, कुछ बना हुआ होता है। दोनों को साथ लेकर चलना होता है। यह सब व्यापार रचना हो जाने पर लोगों को बड़ा अच्छा लगता है लेकिन रचनाकार की क्या परेशानी होती है वह आप भी जानते होंगे और दूसरे जो लोग लिखते होंगे वह भी आप जानते होंगे।

? *कुबेरजी की भाषा जो है वह बड़ी क्लिष्ट भाषा है, लेकिन इतने अनुभवों से संपृक्त होते हुए, और इतना गहन अध्ययन होते हुए भी आपकी भाषा में*

जो पारदर्शिता है उस पारदर्शी भाषा का क्या कारण है ?

आप तुलना न करें, हरेक रचनाकार की अलग पृष्ठभूमि होती है। कुबेरनाथ जी असम में रहे, हिंदी भाषी लोगों के बीच में नहीं रहे। मैं तो हिंदी भाषी क्षेत्र में ही अधिकतर रहा हूँ और हिंदी भाषी क्षेत्र के बीच में रहते हुए मैं अपनी बोली के बिल्कुल प्रतिदिन के संपर्क में रहा हूँ। अपनी बोली अर्थात् भोजपुरी के संपर्क में रहा हूँ। मेरे घर में ही, परिवार में हिंदी नहीं बोली जाती है, रिश्तेदारी में हिंदी नहीं बोली जाती : इसलिए मेरा संपर्क भाषा से दूसरे प्रकार का है और उस संपर्क का फल होता है, पारदर्शिता उसे कहें, या यह कहें कि यह भाषा धीरे-धीरे ढल गई है मेरे तमाम रिश्तों के साथ ढल गई है। यह भाषा नहीं है यह मेरे रिश्तों की एक बुनावट है।

? *आप बड़े सान्निध्य में राहुल जी के रहे, आदरणीय श्रीनारायण चतुर्वेदी जी, राय कृष्णदास जी जैसे महान् व्यक्तियों के साथ रहे। इन सब लोगों के द्वारा जो भाषा का उपयोग किया गया है या जिस भाषा में इन्होंने साहित्य सृजन किया, कहीं क्या आप पाते हैं कि उसका प्रभाव आपके भाषा-शिल्प पर पड़ा है ?*

देखिए, प्रभाव की बात आप करते हैं नर्मदाप्रसाद जी, तो प्रभाव तो हजारों की भाषाओं का पड़ता है तो उन्हीं की भाषा की बात क्यों करते हैं ? छोटी-सी लड़की की भाषा का प्रभाव पड़ता है, छोटे से बच्चे की भाषा का प्रभाव पड़ता है, बाजार में दो आदमी लड़ रहे हैं, उनकी भाषा का प्रभाव पड़ता है, तो भाषा का प्रभाव तो न जाने कहाँ-कहाँ से पड़ता है। प्रभाव की बात छोड़ दीजिए, लेकिन इन लोगों के साथ रहा उनसे बहुत कुछ सीखा है। सबसे अधिक यह सीखा है कि *परिश्रम का विकल्प प्रतिभा नहीं होती है। परिश्रम का कोई विकल्प नहीं होता है और भाषा प्रतिभा से जितनी आती है उससे अधिक बड़े सधे हुए परिश्रम से आती है, अपने को भाषा के प्रति अर्पित करके जो परिश्रम किया जाता है उससे आती है,* वह मैंने जरूर किया है, क्योंकि इसका संस्कार मुझे मिला है कि अच्छी भाषा अच्छी मनुष्यता है।

? *कला दर्शन के संबंध में आपके अपने विचार रहे हैं, एक अनुशासन से दूसरे अनुशासन में जाने के बारे में आपके अपने मौलिक विचार रहे हैं और चाहे मध्यकालीन लघु चित्रों की परंपरा हो, आधुनिक कलाबोध हो या आनंदकुमार स्वामी का कला दर्शन, आनंदकुमार स्वामी जी कहा करते थे कि नया बनाने में नवीनता नहीं होती, नवीनता चिर नवीन बने रहने में होती है। इस चिर नवीन बने रहने की जो अवधारणा है डॉक्टर आनंदकुमार स्वामी की आगे*

चलकर के क्या वर्तमान में जो कला जगत् का परिप्रेक्ष्य है उसम आप इस अवधारणा का पल्लवन पाते हैं या ह्रास।

ठीक-ठीक पल्लवन तो नहीं पाते, लेकिन कला किसी समय की हो, रचना किसी समय की हो, एक व्यक्ति की मृत्यु के अनंतर ही होती है अर्थात् व्यक्ति कहीं मरता है तो कला जन्म लेती है, उसका अहंकार कहीं विसर्जित होता है तो कला जन्म लेती है, साहित्य रचा जाता है। अहंकार रखकर के साहित्य नहीं रचा जा सकता। अहंकार छूटता नहीं है यह बात सही है, अहंकार जकड़े भी रहता है और अहंकार के बिना लिखा भी नहीं जाता है। यह बिल्कुल सत्य है कि इस अहंकार के ऊपर जब तक अंकुश नहीं होता उससे अलग होने का निछोह, निर्दय भाव नहीं होता, कि नहीं तुम्हारी जरूरत अब नहीं है अब मैं जहाँ हूँ असहाय हूँ कुछ भी हूँ लेकिन मैं इसी असहाय रूप में लिखूँगा। मैं न कुछ होकर ही लिखूँगा, कुछ होकर लिखूँगा, तो कुछ नहीं लिखूँगा तो बात आधुनिक कला में भी है। पिकासो में भी है, पिकासो को पुराना कलाकार मान लेते हैं, लोग समझते हैं केवल रूप के आधार पर, आकार के आधार पर आधुनिक और प्राचीन का विभाजन किया जाता है। विभाजन के और भी प्रकार हैं, लेकिन कला चाहे पहले की हो चाहे आज की हो हूबहू जैसा होता है वैसा नहीं देती बल्कि हूबहू जैसा होता है उसके भीतर क्या सत्व है क्या एसेंस है इसको देती है, अगर साहित्य जर्नलिज्म हो जाय, पत्रकारिता मात्र हो जाय, केवल रपट हो जाय साहित्य नहीं होगा हूबहू जैसा हो रहा है, उसको लिखना नहीं साहित्य है उसके भीतर कौन-सी मार्मिक चीज है, 'उसने कहा था' कहानी, क्यों लगती है कि आज भी आधुनिक है ? इसका कारण है कि इतना बड़ा ब्यौरा है, लेकिन उसके भीतर एक तत्त्व है, एक टंकार है उसने कहा था, उस किशोर बालिका ने कहा था उसे एक लहक हुई थी प्यार की, हुआ कुछ नहीं लेकिन उसकी लहक रह गई थी, उसने कहा था उसकी बात कुछ नहीं तो एक छोटी-सी बात का कहीं न कहीं सत्व के रूप में उपस्थापन करना होता है तो यह बात साहित्य में इसलिए आती है सबसे अधिक आती है, सबसे अधिक मुखर रूप में आती है और जितनी भी कलाएँ हैं और जितने भी रचनात्मक व्यापार हैं वहाँ उपादान सबका जाना हुआ होता नहीं है यह भाषा जानी हुई रहती है, वहाँ चित्र की भाषा जानी हुई नहीं होती है, शिल्प की भाषा जानी हुई नहीं होती है। संगीत की भाषा जानी हुई नहीं होती है। यहाँ जाना हुआ सब कुछ है, इसलिए हर एक आदमी इसको ग्रहण कर पाता है और उन सबों के लिए एक दीक्षा की आवश्यकता होती है इसलिए साहित्य की भाषा में अधिक से अधिक धैर्य की आवश्यकता होती है कि आप सोच समझकर करो और उजरत से न करो। भाषा केवल एक बरसाती नदी का बढ़ाव नहीं है, भाषा एक इस प्रकार का उद्भेद है जो पत्थर को भेदकर के निकलता है। पत्थर के भीतर की जो कोमलता है उसको ढूँढ़कर कहीं ऊपर निकलता है एक छोटी-सी रसधारा

के रूप में और न जाने कितनों को आप्लावित कर देता है। उस रूप में भाषा को देखना चाहिए। भाषा उस रूप में निकले इसके लिए अपार धैर्य की आवश्यकता है और साथ ही साथ इसके लिए अपने प्राणों को कहीं न कहीं गिरवी रखने की आवश्यकता है। बिना प्राणों के गिरवी रखें चाहे आप अपने आसपास के रिश्तों के जाल में गिरवी रखें उन रिश्तों की गहराई में जाएँ उन रिश्तों की आत्मीयता के विविध प्रकार समझें। चाहे आसपास की प्रकृति की गहराई में जाएँ; उनसे जो संवाद होता रहता है, जो विकिरण मिलता रहता है उसकी गहराई में जाएँ, चाहे आसपास के आदमी और तरह-तरह से आदमी की बातचीत की गहराई में जाएँ, उनके भय, उनके आतंक, उनकी लज्जा, उनके संकोच, उनके क्रोध, उनके राग, उनकी ईर्ष्या, उनके मद इन सबकी गहराई में जाएँ तो आपको लगेगा कि कोई एक मनुष्य झाँक रहा है। मैं उसी को आनंदकुमार स्वामी की भाषा में कॉमन मैन कहता हूँ। दी मैन एंड एव्हरी मैन, हरेक आदमी के भीतर एक आदमी है जो अद्वितीय है, उसकी अद्वितीयता सब जगह है, वह एक आदमी है सब जगह वही आदमी है चाहे वह डाकू हो, चोर हो, लुच्चा हो, बदमाश हो, नेता हो, अभिनेता हो, कोई भी हो, विद्वान् हो, अनपढ़ हो, एक हृदय झंकृत हो रहा है। एक मनुष्य है जो समझ रहा है एक छोटी से छोटी संवेदना को ग्रहण कर रहा है। प्रसाद की कहानी 'मधुआ' में शराबी के मन में भी वही है कि एक लड़का आता है। सब विच्छृंखल कर देता है। सारी दिनचर्या विच्छृंखल कर देता है। आत्मीयता का एक छोटा-सा स्पंदन सब बदल देता है तो आत्मीयता की जो संभावना है वही वह मनुष्य है उसी मनुष्य की खोज उसी मनुष्य की स्थापना उसी मनुष्य की चिंता साहित्य की चिंता है।

जीवन अलभ्य है, जीवन सौभाग्य है

भेंटकर्ता : डॉ. कृष्ण बिहारी मिश्र

? *मूलतः आप संस्कृत के विद्यार्थी रहे हैं। छात्रकाल में हिंदी नहीं, अंग्रेजी भाषा-साहित्य आपके अध्ययन का प्रधान विषय रहा है। किस प्रेरणा से आप हिंदी लेखन में प्रवृत्त हुए ? आपके अग्रज हिंदी निबंधकार ज्योतिषाचार्य पं. हजारी प्रसाद द्विवेदी को अपने हिंदी लेखन के लिए संस्कृत पंडितों का उपहासदंश झेलना पड़ा था, दूसरी ओर हिंदी में कुछ ऐसे रूढ़िवादी लोग थे, जिन्हें हिंदी की विरासत का अतिरिक्त गुमान था और जो द्विवेदी जी की समृद्ध साधना-उपलब्धि को नजरअंदाज कर उन्हें हिंदी से इतर लोक का व्यक्ति मानते रहे, आपके सामने दुहरी यंत्रणा की ऐसी परिस्थिति कभी उत्पन्न हुई ?*

बचपन से ही मैं घर में संस्कृत का पूरा वातावरण रहते हुए भी हिंदी की ओर आकृष्ट हुआ। मेरे ननिहाल में भारतेंदु युग के पं. बिंदेश्वरी प्रसाद त्रिपाठी रहते थे और वे नाना के भाई लगते थे, उन्होंने अपनी बहुत सारी किताबें मेरे नाना के पास रख दी थीं और खड्ग विलास प्रेस और भारत जीवन प्रेस से प्रकाशित पुस्तकें तथा भारतेंदु युग की पत्रिकाएँ वहाँ पर पड़ी रहती थीं। मैं छुट्टियों में वहीं जाता और कौतुकवश इनका अवलोकन करता। धीरे-धीरे मेरा व्यसन ही यह बन गया और जब मैं हाई स्कूल में था तभी से मैं निबंध, कहानी और कविता आदि लिखने लगा। मैंने इंटरमीडिएट तक हिंदी औपचारिक रूप से पढ़ी पर हिंदी पुस्तकों को पढ़ने और खरीदकर पढ़ने का चाव बढ़ता ही गया। मुझे पूज्य पं. हजारी प्रसाद द्विवेदी जैसा उपहासदंश तो नहीं मिला, संस्कृत-हिंदी दोनों के अध्यापक कुछ-न-कुछ अनखाब जरूर रखते रहे। मैंने इस अनखाब का कुछ भी बुरा न माना और उसका कुछ-न-कुछ मजा ही लेता रहा हूँ। मैंने हिंदी को जीविका का साधन नहीं बनाया। मेरा कर्मक्षेत्र संस्कृत था और मेरा भावक्षेत्र हिंदी, इसीलिए दोनों स्थितियों में किसी संघर्ष की संभावना

नहीं थी। मुझे हिंदी के लेखकों का और बड़े लेखकों का स्नेह प्रारंभ से ही मिला और इसमें अपना बड़ा सौभाग्य मानता हूँ कि स्व. अज्ञेय जैसे शीर्षस्थ लेखक ने मेरी रचनाएँ 'प्रतीक' जैसी प्रतिष्ठित पत्रिका में पहली बार छापीं और पहला संग्रह श्रीपत राय ने बड़े प्रेम और सुरुचि से स्वयं कहकर लिया और प्रकाशित किया। इसके बाद तो कभी भी मुझे प्रकाशन के लिए किसी के आगे हाथ पसारना नहीं पड़ा। मुझे बहुत-से लेखकों और मर्मज्ञ आलोचकों ने व्यक्तिगत रूप से जानने के पहले रचना के माध्यम से ही जाना और आगे उनका स्नेह बहुत प्रगाढ़ रूप से मिला। स्व. हजारी प्रसाद द्विवेदी, डॉ. धीरेंद्र वर्मा, बालकृष्ण शर्मा 'नवीन', पं. नलिन विलोचन शर्मा, रामवृक्ष बेनीपुरी, शिवपूजन सहाय, वियोगी हरि, राजर्षि पुरुषोत्तमदास टंडन, कृष्णदेव प्रसाद गौड़, पं. श्रीनारायण चतुर्वेदी, बलभद्र प्रसाद मिश्र, पं. रामबहोरी शुक्ल, विजयेंद्र स्नातक आदि लोगों ने निरंतर प्रोत्साहन दिया। इन अग्रजों का मैं बहुत ऋणी हूँ। मेरी सिर्फ 2-3 रचनाओं पर इन गुरुजनों में से पं. हजारी प्रसाद द्विवेदी, श्री अज्ञेय जी और पं. श्रीनारायण चतुर्वेदी ने भूमिका लिखी है और मन से लिखी है। मैंने इनकी अनुशंसा प्राप्त करने के बाद इसकी आवश्यकता ही नहीं महसूस की कि मैं फिर किसी से अनुशंसा प्राप्त करूँ, इन अग्रजों के स्नेह के कारण आलोचकों के यहाँ चर्चित न होने की मुझे कोई विशेष यंत्रणा नहीं हुई। कभी-कभी चिकोटी काटने पर जैसा उद्वेग होता है वैसा हुआ, पर वह क्षणिक रहा।

[?] *किन विशिष्टताओं के चलते निबंध विधा आपकी सजातीय विधा बनी ?*

निबंध विधा दो कारणों से मेरी अपनी विशिष्ट विधा बनी। एक तो इसमें किसिम-किसिम की गूँजों-अनुगूँजों को संश्लिष्ट करने की संभावना दिखी, कविता की अपेक्षा इसमें लोकजीवन में रमनेवाली प्रवृत्ति के लिए अनुकूल अवसर था। दूसरा कारण यह था कि बचपने से ही मुझे गद्य काव्य की कसौटी होने के कारण लेखन की चुनौती जैसा लगा। बाणभट्ट और दंडी जैसे संस्कृत लेखक और भारतेंदु हरिश्चंद्र, माधव प्रसाद मिश्र, बालमुकुंद गुप्त, रघुवीर सिंह, वियोगी हरि, राय कृष्णदास, महादेवी वर्मा, हजारी प्रसाद द्विवेदी, अज्ञेय जैसे हिंदी के वरेण्य लेखकों का गद्य मुझे आकृष्ट करता रहा। बंगला के प्रसिद्ध लेखक बंकिमचंद्र चट्टोपाध्याय की रचना, कमलाकांतैर दफ्तर, रवींद्रनाथ ठाकुर की साहित्य चर्चा संबंधी रचनाएँ मुझे बहुत भायीं, अंग्रेजी के व्यक्ति-व्यंजक रचनाकारों में रावर्ट लुइस स्टिवेंशन, टामस डिकेंसी, विलियम हैजलिट जैसे रचनाकारों की रम्य रचनाओं ने और मांटेन तथा कुछ अन्य ने भी अपनी रचनाओं से मुझे अत्यधिक आकृष्ट किया। लोक-जीवन के साथ जुड़ाव ने मुझे भाषा शैली में तत्संगबहुल होने से बराबर रोका। इस कारण मैं निबंध रचना के माध्यम से अपने को पहचानने की कोशिश करने में सार्थकता पाने लगा।

? *इस धारणा से आप किस हद तक सहमत हैं कि हिंदी में स्वच्छंद चेतना का प्रवेश कविता से पहले गद्य की सशक्त विधा निबंध से हुआ अर्थात् हिंदी की छायावादी काव्य की विशिष्ट पहचान स्वच्छंदता का व्यंजक रूप भारतेंदुयुगीन निबंध में बड़े सहज रूप में दिखाई पड़ता है। यदि यह धारणा आपको सही लगती हो तो कृपया यह बताने का कष्ट करें कि हिंदी गद्य के आदि पर्व की संवेदना को हिंदी कविता में प्रवेश करने में इतनी लंबी यात्रा क्यों तय करनी पड़ी ?*

मैं इससे पूर्णतः सहमत हूँ कि आधुनिक युग का प्रारंभ और स्वाधीन रूप से सोचने का प्रारंभ आधुनिक हिंदी गद्य से है। आधुनिक हिंदी कविता उसके बाद रंगमंच पर आई है। यह भी सही है कि भारतेंदु युग के लेखक जितने सशक्त गद्यकार थे उतने कवि नहीं। कविता, उनकी ढर्रेवाली कविता थी। जबकि जो गद्य रच रहे थे, वह एकदम टटका था। हिंदी गद्य के खुलेपन के विकास में बाधाएँ थोड़ी-सी आईं जब हिंदी के मानकीकरण के प्रयत्न में गद्य के लचीलेपन और देशीपन पर महावीर प्रसाद द्विवेदी के युग में तुषारापात हुआ। इसके बाद छायावादी प्रभाव में छायावाद के समर्थन में एक ऐसी कृत्रिमता उपजी जो छायावाद की कविता की भाषा से कहीं अधिक अस्पष्ट और तर्कहीन हो गई। यह दूसरी बाधा थी। पर इन सबके बावजूद हिंदी गद्य सहज ही विकसित होता रहा। आचार्य रामचंद्र शुक्ल ने इसके सहज रूप को पहचाना। उसके पहले पं. माधव प्रसाद मिश्र और चंद्रधर शर्मा गुलेरी सहज और सशक्त गद्य का मार्ग बना चुके थे। हिंदी कविता में हिंदी गद्य जैसी चेतना जो प्रारंभ में नहीं दिखी उसका कारण यह है कि कविता को एक भाषा दी हुई थी जबकि गद्य के साथ ऐसा नहीं था। इसका यह अर्थ नहीं कि भाषा ही नहीं थी, पर ऐसी साहित्यिक भाषा नहीं थी जो हिंदी की उन्मुक्त उदार, पर सामान्य जन से जुड़ी हुई मनोवृत्ति से मेल खाती हो। हिंदी कविता को ब्रजभाषा से मुक्त करने में समय लगना ही था और ब्रजभाषा को दूसरे रूप में ढालने में भी समय लगना ही था।

? *व्यक्ति व्यंजक निबंध की प्रकृति सहज ही उन्मुक्त होती है। भारतेंदुकालीन निबंधों में जो उन्मुक्तता दिखाई पड़ती है, परवर्ती काल के निबंधों में वह दबी है, राग-रंग की समृद्धि के बावजूद, सहज उन्मुक्तता के ह्रास का कारण क्या लालित्य का अतिरिक्त आग्रह है ?*

मैं इससे सहमत नहीं हूँ कि भारतेंदु युग की उन्मुक्तता किसी भी माने में आगे चलकर दब गई। भारतेंदु युग की भाषा प्रयोग की अवस्था है, इसीलिए अलग-अलग प्रयोग अलग-अलग कौतुक पैदा करते हैं और उनके द्वारा संश्लिष्ट और अपेक्षाकृत सिद्ध रूप विकसित हुआ। बाद के लेखकों ने उसी जमीन पर अपने ढंग

के अलग प्रयोग किए और उन प्रयोगकर्ताओं ने उच्छ्वास भाषा के लिए वियोगी हरि, रायकृष्ण दास, चंडी प्रसाद हृदयेश, जगमोहन सिंह के नाम लिए जा सकते हैं। व्यंग्य और सूक्ष्म संदर्भ के संश्लेष की भाषा के प्रयोगकर्ता के रूप में बालमुकुंद गुप्त, माधव प्रसाद मिश्र, चंद्रधर शर्मा गुलेरी आदि के नाम लिए जा सकते हैं। आत्मचिंतन की वैचारिक भाषा के रूप में आचार्य रामचंद्र शुक्ल, बालकृष्ण भट्ट, अंबिका दत्त व्यास, पं. मदनमोहन मालवीय जैसे लोगों के नाम लिए जा सकते हैं। ये लोग न होते तो भाव और विचार से संश्लिष्ट निबंध पर गठित गद्य के विकास का अवसर नहीं आता, जिसका प्रारंभ पं. हजारी प्रसाद द्विवेदी जी से होता है।

? *अपने को जनवादी घोषित करनेवाले विचारक और समीक्षक पिछले कुछ समय से रूपवाद की आवाज उठाने लगे हैं। साहित्य में रूपवाद का क्या स्वरूप और महत्त्व है ? ललित निबंध को, उसकी ललित और रम्य मुद्रा के कारण रूपवादी साहित्य कहा जा सकता है या कहा जाना उचित है ?*

रूपवाद की चर्चा करनेवालों की सद्भावना से तो मैं सहमत नहीं हूँ, पर मैं यह जरूर मानता हूँ कि साहित्य में अकेले न संवाद होता है न अर्थ। दोनों एक साथ नहीं होंगे तो साहित्य होगा ही नहीं। इसलिए रूप अर्थ में घुला नहीं और अर्थ रूप में उतरा नहीं तो दोनों और चाहे जो हो, साहित्य नहीं होंगे। मैं इसीलिए व्यक्ति व्यंजक निबंध को ललित कहना उचित नहीं समझता। यद्यपि ललित में भी केवल सुकुमारता नहीं है। शिव के तांडव नृत्य में उतना ही लालित्य है जितना पार्वती के लास्य में। लालित्य औचित्य की सहज उत्पत्ति का ही दूसरा नाम है। ललित निसर्ग सुंदरता में नहीं है, मनुष्य की प्रतिभा से उन्मीलित रमणीयता में है। हमारी पुराण सृष्टि में ललिता देवी एक ओर शिवशक्ति सामंजस्य की अवस्था है दूसरी ओर वे स्वयं श्रीकृष्ण का पूर्व रूप हैं और तीसरी ओर वे राधा की दर्पण में जड़ी वह छवि हैं जिस पर यह अनुभव करते हुए कि प्रियतम उसे देख रहे हैं, राधा मोहित हो जाती है और वह छवि ललिता बन जाती है। इन सभी कथाओं में ललिता और लालित्य का संबंध समरसता, लीला, लीला की उत्कंठा और स्वरूप विमर्श से है। यह सब एक रचना में मिल जाए, यह दुर्लभ है। ललित रचना बिरली ही होती है पर रंगीन शब्दावली के बल पर या भावरंजना के बल पर कोई ललित बनना चाहे तो वह अलग बात है। जो चीज संभव है वह है अपने व्यष्टिगत अनुभूति को समष्टि की धार में डालकर उसकी प्रवाह धर्मिता की परीक्षा जोखिम उठाकर की जाए और एकाएक पता चले कि व्यक्ति समष्टि के बीच संवाद स्थापित करने का कारगर उपाय है। इसलिए मैं इस उपाय को सामने रखकर लिखी गई रचना को व्यक्ति व्यंजक रचना कहना पसंद करता हूँ।

? *व्यक्ति व्यंजक निबंध और ललित निबंध में मूलभूत अंतर क्या है ? पं. हजारी प्रसाद द्विवेदी के निबंधों के प्रकाशन के साथ ही हिंदी निबंध-विधा में एक अलग मुद्रा दिखाई पड़ती है जिसे आपने और आपके अनुज निबंधकारों ने अपनी प्रतिभा से समृद्ध किया है। शुक्लजी तक निबंध की मुद्रा भिन्न थी, उन्मुक्त होते हुए भी ललित नहीं थी। परवर्ती निबंधकारों को निबंध की मुद्रा को लालित्य से समृद्ध करना क्यों जरूरी लगा ? छायावादी युग के समर्थ निबंधकार शुक्लजी में प्रगाढ़ प्रकृति संसक्ति के बावजूद, लालित्य का आग्रह नहीं था। परवर्ती निबंधकारों में यह आग्रह किन परिस्थितियों ने पैदा किया ? सहज ही कुतूहल होता है, यह देखकर कि जब साहित्य की दूसरी विधाएँ ललित मुद्रा छोड़ रही थीं, निबंध, मेरा मतलब व्यक्ति व्यंजक निबंध से है, की स्वकीय पहचान ही 'ललित' हो गई। आप ज्येष्ठ निबंधकार ही नहीं, समय की नब्ज के जागरूक पारखी हैं। इस प्रश्न का समीचीन उत्तर आप ही से अपेक्षित है।*

व्यक्ति व्यंजक निबंध और ललित का अंतर मैंने स्पष्ट किया है, यह मेरी पुस्तक जो मेरे द्वारा संपादित है 'स्तबक' की भूमिका में है, उससे कुछ अलग जाकर अन्यत्र भी मैंने यह लिखा है कि ललित निबंध और व्यक्ति व्यंजक निबंध में अंतर नाम का ही नहीं, अंतर मनोभाव और शैली का भी है। ललित निबंध में मोहकता स्मृतियों के ताने-बाने से उतनी नहीं आती, जितनी आती है शब्दों की चित्रमयता से और भावों की सरसता से, आरोही-अवरोही सरसता से, जबकि व्यक्ति व्यंजक निबंध में स्मृतियों का ताना-बाना विशेष मतलब रखता है और ये स्मृतियाँ अपनी होती हुई भी दूसरों में घुले हुए अपनेपन की होती हैं, यही नहीं व्यक्ति व्यंजक निबंध में भाव विचारमय होने के लिए प्रस्तुत होते हैं और शब्द आत्मीय संवाद स्थापित करने के लिए। ललित निबंध से मैंने शुरुआत जरूर की, पर जिंदगी के जैसे-जैसे एक से एक कड़ए-मीठे, खट्टे-तीते अनुभव मिलते गए, वैसे मेरी ललिता सखी मुझसे रूठती गई और मैं अपने व्यक्ति को तोड़-तोड़कर अपनी जातीय चेतना का आकार गढ़ता रहा। मेरे निबंधों में व्यक्ति व्यंग्य नहीं है, व्यंजक है, व्यंजक है मेरी समग्र संकल्पशील महाजाति का, व्यक्ति के रूप में तो वह बस टूटे दर्पण के काँच का टुकड़ा है।

इसी संबंध में आचार्य रामचंद्र शुक्ल का एक व्यक्ति व्यंजक निबंध है। उसकी भाषा और शैली पर ध्यान दें तो आपको भी लगेगा कि शुक्ल जी की भी एक शैली नहीं थी। विवेचन की शैली अपने आप नियंत्रित होती है क्योंकि उसका उद्देश्य विचार की साझेदारी है यद्यपि विचार भी यदि रचनात्मक है तो भावहीन नहीं हो सकता।

इसी प्रकार अब भी यदि संप्रेषण है तो विचारशून्य नहीं हो सकता है। आचार्य शुक्ल भावप्रवण व्यक्ति थे। उनकी कविताओं और उनके इने-गिने निबंधों में यह

बात संलक्षित है पर उनका गद्य बहुत संयत था और उन्हीं के समकालीन अनेक लोग ऐसे थे जिनकी भाषा भावप्रवणता से आप्लावित थी। बाद के लेखकों में वैसी भावप्रवणता नहीं मिलती, जैसे हृदयेश, राजा राधिकारमण प्रसाद सिंह आदि की भाषा में मिलती थी। यह अवश्य हुआ है कि सहज ललित का अनुकरण असहज ललित को जन्म देने लगा है। यह प्रत्येक अनुकरण के साथ होता है। लालित्य उँड़ेलने का आग्रह यदि हो तो लालित्य नहीं आएगा। लालित्य की बात मैं पहले ही बता चुका हूँ। इसलिए मैं कुछ ही निबंधों को ललित रचना कह सकता हूँ। 'रम्य रचना' शब्द कुछ दूसरी भारतीय भाषाओं में व्यक्ति व्यंजक निबंध के लिए प्रचलित हो गया है। स्मृतिपोषित विचारात्मक बातचीत में प्रस्तुत व्यक्ति व्यंजक निबंध मैंने अधिकतर लिखे हैं। और मैंने कोशिश यही की है कि कुछ बन करके लिखना अर्थ नहीं रखता, लिखते-लिखते कुछ हो जाना और बहुत से लोगों के साथ हो जाना अर्थ रखता है। व्यक्तिगत व्यंजक निबंध आवश्यक नहीं है कि समरसता का परिपूरण करे या स्वरूप विमर्श स्थिति तक पहुँचे, पर इतना तो करते ही हैं कि खेल-खेल में बहुत दूर तक चले जाते हैं। इसी को लोग बहकाव भी कहते हैं पर यह बहकाव पाठक का विश्वास प्राप्त करने का और उसको साथ-साथ ले चलने का एक उपाय मात्र है, बहकाव लक्ष्य नहीं है। एक बात और है, हर जमाने की चिंता अलग-अलग होती है और चिंता को वहन करने के लिए उपाय भी अलग-अलग होते हैं। इसलिए आज की परिस्थितियों में जब ज्ञान-विज्ञान का विकास इतना हो चुका है, तकनीकी का विकास इतना हो चुका है और समूह-संचार ने भाषा की ऐसी-तैसी कर दी है, तब कारगर भाषा ईजाद करना बहुत कठिन हो गया है और कारगर भाषा में कारगर बात करना और कठिन हो गया है।

? *प्रेमचंद ने जिस धरती की कथा लिखी है, उसी की महिमा की उल्लसित मुद्रा को आपने अपने निबंधों में बड़ी प्रभाव शैली में व्यक्त किया है। अपने निबंधों के माध्यम से आप जिन मूल्यों की ओर अपने पाठक को सुमुख करना चाहते हैं, उसके रूपायन की अपेक्षित सहृदयता आज के लोकमानस में आपको दिखाई पड़ती है ? यदि नहीं, तो फिर लोक-रुचि को आदर्श-सचेत करने के लिए विचारक और रचनाकार की हैसियत से कौन-सी विधा आपको उपयुक्त लगती है ?*

प्रेमचंद की भौगोलिक धरती जरूर मेरी है पर रागात्मक स्तर पर मैं प्रेमचंद से अधिक रेणु के समीप हूँ या झवेरचंद मेघाणी के समीप अपने को पाता हूँ. यथार्थ के दो स्तर होते हैं—एक वस्तु रूप और एक भावित रूप। सोचने का ढंग, रचने का ढंग और रची हुई वस्तुओं से संबंध स्थापित करने का ढंग यह भी यथार्थ का अंग है। प्रेमचंद को इस यथार्थ की उतनी चिंता नहीं है पर मुझे भूख और प्यास

के भीतर के भी यथार्थ की चिंता है अर्थात् भूख-प्यासवाले आदमी के चित्त की भी चिंता है। भौगोलिक स्तर पर आर्थिक और सामाजिक स्तर पर बहुत-से परिवर्तन हुए जो रचनाशील मानव के अनुकूल नहीं हुए हैं और उन परिवर्तनों का प्रभाव जरूर जातीय विष के उबाल, परिवेश के प्रदूषण और उत्पादों की अतिरिक्तता में दृष्टिगोचर होने लगा है। लोकमानस अतीत मोहासक्त नहीं है, वह आगे की सोचनेवाला भी है। यह जानते हुए भी कि आज का गाँव मेरे बचपन का गाँव नहीं है, पर उस गाँव की संभावना आज भी भविष्यत् के लिए कुछ नए आयाम जितनी आज दे सकती है उतनी मेरी बचपन के समय नहीं दे सकती थी, क्योंकि उस समय विश्व मानव गाँव के मन के मर्म को समझ नहीं सकता था। लिखना केवल जो कुछ अपने सामने है या जो लोग अपने सामने हैं उन्हीं को ध्यान में रखकर नहीं होता, जो आनेवाले हैं उनको भी ध्यान में रखकर होता है। इसलिए लोकरुचि लिखने में निर्णायक भूमिका नहीं रखती, जितनी रखती है लोक के भीतर सोई हुई प्रज्ञा। जैसे हनुमानजी को यह स्मरण कराना पड़ता है कि तुम बलशाली हो वैसे ही लोक के भीतर विशालता और महत्ता को पुकार लगानी पड़ती है। भले ही लोगों को पुकार असामयिक लगे। साहित्य का रास्ता झुंड या गिरोह या ढोर का रास्ता नहीं है। रंजन का कार्य साहित्य करता है पर वह रंजन के पूर्व क्षालन का कार्य करता है। शिवेतरक्षति की बात करता है बिना अशिव को निरस्त किए, बिना पिछले बासी फूलों को हटाए, बिना अंगराग जैसे बासी सुगंधित वस्तु को धोकर अलग किए शिव का पूर्णाभिषेक नहीं होता।

[?] *आपने नई शिल्प-संवेदना की कविताएँ लिखी हैं, नई कविताओं का अनुवाद किया है, नई कविता के शिखर पुरुष अज्ञेय से आपकी अंतरंगता सर्वविदित है। महापंडित राहुल सांकृत्यायन की सारस्वत यात्रा में सहभागी रहे हैं और स्वामी करपात्री जी तथा स्वामी अखंडानंद जी आपको अपने विद्या गोत्र का मानते रहे हैं। तथ्य है कि विपरीत विश्वासों, रुचियों और धारण-संस्कारों के लोगों का नैकट्य आपको उपलब्ध रहा है। इस उपलब्धि के मूल में क्या आपकी व्यवहारपटुता ही प्रधान कारण है अथवा कोई ऐसी प्रच्छन्न गुणवत्ता आपके व्यक्तित्व में है जो सारे असमंजस को तोड़ देती है और प्रतिकूलता, अनुकूलता में सहज ही बदल जाती है ? आपने संस्कार और जीवन-शैली के सर्वथा विपरीत लोगों के साथ सृजन-कार्य किया है। यह कैसे संभव हुआ ?*

यह मेरा सौभाग्य है कि भिन्न प्रकार से सारस्वत साधना करनेवाले लोगों का स्नेह प्राप्त होता रहा है और उससे मेरा पोषण होता रहा है पर मेरे ऊपर प्रभाव उनके साहित्य का नहीं पड़ा है जितना उनकी साधना का पड़ा है। मनुष्य की देह साधनाधाम है और जहाँ कहीं यह साधनधाम मिले साधनधाम ऐसा लिखे जो प्रेरणा दे सके वहाँ-वहाँ मैं आकृष्ट हुआ हूँ और ऐसे स्थानों से या यह कहूँगा कि ऐसे

तीर्थों से तादात्म्य स्थापित किया है। विचार और विचार प्रस्तुत करने की प्रणाली दोनों में अंतर है। विरोध देखना हमारी दृष्टि नहीं, 'हमारी' से हमारा अभिप्राय भारतीय से है। भारत की परंपरा आज के भौतिक विज्ञान की तरह दो पदार्थों में विरोध-भाव नहीं देखती। परस्पर पूरक भाव देखती है और एक समग्र भाव का परस्पर सापेक्ष अभिव्यंजना देखती है। व्यवहार की कुशलता से जो तादात्म्य होता है, वह क्षणिक होता है और व्यवहार कुशलता मेरे पास बिल्कुल नहीं है। संवाद स्थापित करने की उत्कंठा है। इसलिए मैंने विदेश में विजातीय वातावरण में रहते हुए विजातीय व्यवहार और आचारवाले व्यक्तियों के साथ उनके घर में रहा हूँ और उनको समझने की कोशिश की है। उनके भीतर के मनुष्य को पहचानने की कोशिश की है। और इसमें विजातीयता कभी बाधक नहीं हुई। उनको पहचानना तटस्थ भाव से नहीं था, आत्मीय भाव से था। एक अत्यंत निजी प्रसंग है और उसे बतलाने में संकोच है पर बिना नाम लिए बताऊँगा कि आप मेरा मन समझ सकें। एक बार एक औपचारिक भोज में भारत सरकार के एक मंत्री निमंत्रित थे, मैंने उसमें कुछ फल लिए। मुझे कक्षा लेनी थी। भोज समाप्त होने के बाद बातचीत का और कुछ दौर चल रहा था। उसी बीच मैं क्षमा माँगकर कक्षा लेने चला गया। मेरे चले आने पर हमारे देश के मंत्री ने उसे लक्ष्य कर यह कहा कि ऐसे लोग विदेशों में भारत का बड़ा गलत रूप प्रस्तुत करते हैं, क्योंकि ये विदेश के लोगों से अलग रहते हैं और भारत के बाहर भी उसे कंधों पर ढोते रहते हैं। कुछ देर तक वहाँ मेजबान की शालीनता के कारण कोई नहीं बोला, पर कुछ देर बाद एक गंभीर और कम बोलनेवाले अमेरिकी प्रोफेसर ने कहा कि काश आप लोगों के पास ऐसी समझदारी होती कि प्रोफेसर मिश्र जैसे लोगों को बाहर भेजते, वे आचार से भारतीय रहते हुए जितना बाहर के लोगों को पहचानते हैं और जितना घुल-मिल जाते हैं उतना हमारे आचार में दीक्षित और उनमें मिलकर ढल जानेवाले नहीं कर पाते। प्रोफेसर मिश्र ने हमारी कला, कविता, संस्कृति को गहराई और सूक्ष्मता से समझा है और अपने देश की कविता, कला और संस्कृति को हमारी भाषा में रूपांतरित करने का कार्य किया है। दूसरे के विचार को समझना जिस खुले मन से होता है वैसा खुला मन हमको अधिक चाहिए हमें समर्पण नहीं चाहिए, क्योंकि हम राजनीति में नहीं हैं। इस वृत्तांत में आत्मप्रशंसा है इसीलिए मैं संकोच कर रहा था। पर यह बतलाना इसलिए जरूरी था कि मैं आपको समझा सकूँ कि मैं मनुष्य से अधिक मनुष्य के भाव को महत्त्व देता हूँ। *मैं मानववादी नहीं हूँ और वादी होकर मानवेतर प्राणी की उपेक्षा करनेवाला नहीं हूँ। मनुष्य के भीतर से कभी-कभी ही सही पर विश्व को आत्मीयता की उत्कंठा से झाँकनेवाले अंतर्मनुष्य का आराधक हूँ, वही मेरे लिए मनोरम मनुष्य है। वही नारायण है, वही चिदानंद है, वही अर्धमात्रा है और वही ललिता है।* पूज्य राहुल जी ने मुझे जीवन-यात्रा के पहले पड़ाव में यह शिक्षा दी थी कि प्रत्येक व्यक्ति के भीतर एक अद्वितीय ज्ञान

का स्फुलिंग है, चिनगारी है जो केवल उसी के पास है और उसे प्राप्त करने के लिए आदमी को विनम्र होना चाहिए।

? *ऊँचे प्रशासकीय दायित्व और रचना-धर्म का निर्वाह आप समान रूप से कैसे कर लेते हैं ? सामान्य धारणा तो यही है कि दोनों की प्रकृति में काफी वैपरीत्य है। कदाचित् इसीलिए रचनाकार को सत्ता और प्रशासन-प्रभुता से दूर रहने का आग्रह लोग करते रहे हैं। आपकी सृजनशील यात्रा प्रशासकीय पदोन्नति से अप्रभावित रही है। कृपया इस रहस्य को जरा खोलने का कष्ट करें।*

प्रशासकीय दायित्व की कठोरता ने मेरी रचनाधर्मिता को बराबर उद्वेलित किया है पर इस उद्वेलन से मेरी समझ में गुणात्मक लाभ हुआ है किसी भी प्रकार की क्षति नहीं हुई। मैं प्रशासन में कल्पनाशीलता को महत्त्व देता रहा हूँ इसीलिए परिश्रम भी करना पड़ा है और विरोध भी झेलना पड़ा है। पर मुझे यह भी सुख मिला है कि अपने साथ काम करनेवाले लोग मुझसे व्यक्तिगत रूप से ऐसे गहरे जुड़ गए हैं कि उन पदों से अलग हो जाने पर भी उतने ही बल्कि उससे अधिक आत्मीय बने हुए हैं और मैं इसे अपने प्रशासकीय जीवन की सबसे बड़ी उपलब्धि मानता हूँ। राजनीति के घिनौने रूपों के विरुद्ध मुझे जूझना पड़ा है। पर जूझकर विषम चक्रव्यूह से बाहर निकलने के बाद मैंने कबीर की बात मानकर विरोधियों की उपेक्षा की है, विरोध नहीं पाला है। यह जरूर है कि मैं भूलता नहीं हूँ केवल मन से उतारता हूँ। भूल जाऊँ तो वैसे अप्रिय प्रसंगों के प्रति मानव सुलभ दृष्टि कैसे रखूँगा। स्मृति में सभी तीव्र दंश सँजोकर रखने चाहिए। मैंने अपने प्रशासकीय, अध्यापकीय और लेखकीय जीवन को बाँटकर रखा है और भरसक कोशिश की है कि वे संपृक्त न होने पाएँ। मनुष्य का जीवन तो हजार भूमिकाओं में अपने को ढालकर मनुष्य बने रहने...निरा मनुष्य बने रहने में है।

? *आपने लक्ष्य किया है, गाँवों के साथ ही ग्रामीण संवेदना में भी भारी परिवर्तन आया है। ग्रामीण पृष्ठभूमि पर क्रियाशील रचनाकार आज की चुनौतियों का मुकाबला करने में आपको किस हद तक सक्षम दिखाई पड़ रहे हैं ?*

मैंने अपने इधर के निबंधों में बहुत भीगे मन से गाँव की मिट्टी के पथराने का और संवेदना की हरीभरी दूब के न उगने का प्रसंग उठाया है। पर इस स्थिति में इस उदास संस्कार को मैं इस रूप में लेता हूँ कि *पहले गाँव की बात इंसानियत का रंग लेकर की गई थी और अब गाँव के मन की बात विश्व की समकालीन परिस्थिति की उपेक्षा के रूप में करनी होगी।* नैतिक स्तर पर, उस बौद्धिक स्तर पर बात करनी होगी जहाँ विज्ञान और अध्यात्म मिलकर एक क्षितिज हो गए हैं। हम समग्र दृष्टि से बात करें, द्रष्टा और दृश्य को एक मानकर विश्व को समझने की

बात करें तो यह केवल वैज्ञानिक ही नहीं साधारण आदमी ग्रहण कर सकेंगे। तब दार्शनिक, वैज्ञानिक सामान्यजन इस बहस में शामिल हो सकेंगे कि हम और यह विश्व क्यों अस्तित्व रखता है और हम इस सवाल का जवाब पा सकेंगे तो यह मानव की प्रज्ञा की परम जीत होगी क्योंकि तब हम विधाता का मन जान लेंगे। (ए ब्रीफ हिस्ट्री ऑफ टाइम)। गाँव का मन विधाता का मन है क्योंकि गाँव का कर्म अपने लिए नहीं है और विधाता अपने लिए नहीं रचता और इसे पाकर पहचानना ही आधुनिक जीवन की सबसे बड़ी चुनौती है।

? *क्या आपको ऐसा नहीं लगता कि साठोत्तरी कवि-पीढ़ी के लोगों की तरह निबंधकार भी एक ही राग और एक ही मुहावरे को उच्चार रहे हैं और उनका स्वकीय वैशिष्ट्य कमजोर हो रहा है ?*

मैं एकरूपता को कभी भी नहीं सराहता और उससे हमेशा उद्वेलित ही होता हूँ पर एकरूपता सामूहिक अपसंस्कृति की देन है और इसीलिए कुछ हद तक अपरिहार्य है। लोगों की लाचारी है कि एक ही ढंग के बने मकान खरीदें, लाचारी है उपज की वृद्धि के लिए थोड़े-से चुने बीज लें और बीजों की असंख्य किस्मों को विदेश के शीतगृहों में सुरक्षित रखकर संतोष करें। लोगों की लाचारी है कि अपने लिए अलग-अलग वस्त्र न बनाएँ, लाखों की संख्या में उत्पादित वस्त्रों में से ही चयन कर लें। इसी तरह लोग लाचार हैं कि समूह संचार-साधनों में ढली भाषा का इस्तेमाल करें ताकि उसकी बिक्री हो सके। इस एकरूपता को मैं बहुत बड़ी चुनौती के रूप में देख रहा हूँ और मैं निरंतर भाषा और शैली की जड़ता को तोड़ने की कोशिश कर रहा हूँ। लोग क्या कर रहे हैं, लोग कैसे 'महसूसने' के पीछे दीवाने हो रहे हैं बिना यह जाने कि जो यथार्थ भोक्ता है वह भोगने की बात नहीं करता, भोगने की बात वही करता है जो अपने यथार्थ भोग को सबके भोग की हंडिया में डालकर बड़ी धीम्मी पर बड़ी देर तक निर्धूम आँच में पकाता है और तब फिर वह यह दावा नहीं करता कि यह मेरा भोगा हुआ यथार्थ है, न यह दावा करता है कि यह सबका भोगा हुआ यथार्थ है। वह पाठक को सिर्फ आमंत्रण देता है कि अब जो कुछ है वह तुम्हारा है।

? *सांप्रतिक लेखन को देखते क्या आपको भी यह त्रासद अनुभव होता है कि पूर्ववर्ती पीढ़ी की तुलना में आज के लोगों की प्रतिभा क्षमता कमजोर है ?*

मुझे यह नहीं लगता कि आज की पीढ़ी की प्रतिभा क्षमता कमजोर है चूँकि लिखनेवालों की पहले की अपेक्षा बहुत भीड़ हो गई है और लिखना व्यवसाय और फैशन हो गया है इसलिए प्रतिभाएँ विरल दिखती हैं पर प्रतिभाएँ कमजोर नहीं हैं; यदि कमजोर हो जाए तो लेखक का जीना ही मुश्किल हो जाए, क्योंकि लेखक अपने

उत्तरवर्ती में अपने को संक्रांत देखता है और उन्हीं में अपने को अति संक्रांत पाता है। हर एक के मन में यह आकांक्षा रहती है कि अपनी चाभी किसी को सौंपकर जाए और बिना उत्तराधिकारी में विश्वास किए अपनी चाभी नहीं सौंपी जा सकती। मैं नए उभरते लोगों की भाषा शिल्प की अनगढ़ता में भी रुचि लेता हूँ यदि वह अनगढ़ता भीतर की लाचारी के कारण है, प्रदर्शन के कारण नहीं।

? *विभिन्न विद्यापीठों ने आपको आचार्य और ऊँचे प्रशासनाधिकारी के रूप में सम्मानित किया है। अपने निजी अनुभव के आधार पर यह बताने की कृपा करें कि दिनोंदिन विजातीय प्रभाव से दबते और प्रदूषित होते जा रहे विद्यापीठों की अशुभ नियति के कारण क्या हैं ? मूल्य आधारित शिक्षा के अभ्युत्थान का कोई उपयुक्त पंथ आपकी दृष्टि में है ? उस परिकल्पना का कृपया कुछ संकेत दें जो आपकी कुलपति मेधा से आपके मन में स्फुरित हुई ?*

इस प्रश्न का उत्तर दो-तीन वाक्यों में देना बड़ा कठिन है क्योंकि उच्च शिक्षा के ह्रास की कहानी बड़ी दुरंत है, एक कारण नहीं कि उसके मत्थे सब दोष डाल दें। राजनीति का हस्तक्षेप, असमर्पित व्यक्तियों का अध्यापन में आना, अनिच्छुक छात्रों का पढ़ने आना क्योंकि पढ़ने का कोई विकल्प उन्हें दिखाई नहीं देता, शिक्षा के माध्यम के बारे में अनिश्चित नीति, शिक्षा और जीवन के बीच चौड़ी होती खाई, कुलपति का पद राज्य की मर्जी पर टिका होना, समाज की उच्च शिक्षा के प्रति उपेक्षा का भाव और जीवन की गुणवत्ता का समूह अपसंस्कृति में खो जाना, इस प्रकार के बहुत-से कारण हैं और एक-एक कारण पर स्वतंत्र रूप से निबंध लिखा जा सकता है। कभी-कभी मुझे नैराश्य के विरुद्ध संकल्प लेने में पूरी प्राणशक्ति लगानी पड़ी है और इसका कहीं कोई बीज रह जाएगा। आज भी मैं निराश हूँ पर प्रयत्न से विरत नहीं हूँ, भीतर से यद्यपि बाहर रहना चाहता हूँ। मेरा प्रोफेसर पद से अवकाश ग्रहण वृत्ति से अवकाश ग्रहण है, अध्यापन या शोध से अवकाश ग्रहण नहीं है। अध्यापन और लेखन संवाद के दो रूप हैं, दोनों से जुड़ा रहना चाहता हूँ।

साहित्य दोहरी जिम्मेवारी है

भेंटकर्ता : गो. रजनीश

? *आपने सैद्धांतिक और व्यावहारिक दोनों प्रकार की आलोचनाएँ लिखी हैं। 'लोकप्रिय कवि अज्ञेय' की भूमिका और 'रीति विज्ञान' काफी चर्चित भी रहे हैं। अपने आलोचनात्मक लेखन की भूमिका और महत्त्व के बारे में स्वयं क्या सोचते हैं ?*

अपने महत्त्व के बारे में विचार नहीं करता। मैं उसी आलोचना को महत्त्वपूर्ण मानता हूँ जो साहित्य की सृजनशीलता को व्यक्त करे। रस-ग्रहण में बाधक न होकर सहायक हो। मैं यह नहीं कहता कि आलोचना में प्रशंसा हो ही। कमियों का संकेत होना आवश्यक है जिससे संपूर्ण भाव और साहित्य का चित्र उपस्थित हो सके। इसके साथ ही दोष के परिमार्जन पर बल तथा दोष किन परिस्थितियों में उपजा है, इसकी सहानुभूतिपूर्ण पड़ताल भी होनी चाहिए।

दूसरे, साहित्य के दो पैमाने हैं—एक सार्वभौम—जो यह देखता है कि मनुष्य देश और इतिहास के बाहर कितना चित्रित हुआ है। दूसरा यह है कि संबोध्य या सामाजिक अपनी आकांक्षा भूमि या परिवेश से कितना जुड़ा है। दोनों को कती रचना या आलोचना श्रेष्ठ होती है। जिन्होंने एक को अपनाकर अपने को लाद देना चाहा है, वहीं उनकी आलोचना अपने रास्ते से अलग हो गयी है। दोनों आयाम सामने रखने पर कवि या रचनाकार के साथ अत्याचार न होगा।

? *आप आस्वादपरक आलोचना और शैली वैज्ञानिक आलोचना के पक्षधर रहे हैं। बहुत से लोग इन्हें समीक्षण के लिए अपर्याप्त सिद्ध करते रहे हैं। समकालीन स्थितियों के दबाव में जिस प्रकार का साहित्य लिखा जा रहा है, क्या इनको उसके मूल्यांकन के लिए उपयुक्त समझते हैं ?*

साहित्य की आलोचना साहित्य से अद्भुत होती है। साहित्य पहले है, आलोचना बाद में है। साहित्य पढ़कर ही आलोचना निर्गमित होनी चाहिए। आस्वादपरक आलोचना का उद्देश्य पाठक को रचना की ओर उन्मुख करना होता है। पाठक की संसक्ति और संपृक्ति को जगाना होता है। इससे साहित्य के अध्ययन की भूमि तैयार होती है।

साहित्य इकहरी चीज नहीं, वह दोहरी जिम्मेवारी है, जो अपने को दीपित करती है, साथ ही पाठक को भी। जो यह नहीं कर पाता, उसे मैं अपर्याप्त मानता हूँ। मैं अपने को आलोचक नहीं, अच्छा पाठक मानता हूँ। चाहता हूँ आलोचक शब्दों का महत्त्व समझे। शैली वैज्ञानिक आलोचना एकमात्र आयाम नहीं, एक आयाम है। दूसरा भी एक ऐतिहासिक पक्ष है। रीतिकाल और पंत की सौंदर्याभिव्यंजना को उस ऐतिहासिक पक्ष के समाहित करने पर देखा जा सकता है, 'जुही की कली' से 'सांध्य काकली' तक अपने में कवि (निराला) की बनावट कैसे आयी ? इसे उस आयाम से ही देखा जा सकता है।

स्थितियों का दबाव साहित्य पर सीधे न पड़कर व्यक्तियों पर पड़ता है। धरिया की तरह साहित्य में मनुष्य के अनुभव पकते, जमते और तैयार होते रहते हैं। यदि इस प्रक्रिया से साहित्यकार नहीं निकलेगा, तो उसका रोना नकली होगा। नकली मार्क्सवादी आलोचक से मेरा मतभेद यही है कि वह इतिहास को पहली चीज मानता है, मनुष्य के अनुभव पर कम बल देता है। जबकि आदमी का अनुभव जरूरी है। आदमी के अनुभव में इतिहास को गहराई से उतरना चाहिए। साहित्य के लिए दोनों पक्ष जरूरी हैं।

भाषा की संभावना को देखे बिना लिखने में भी सार्थकता नहीं होती। सहजता का अर्थ यह नहीं कि अभ्यास न करें। अनुभव के दौर से गुजरे बिना सहजता आ ही नहीं सकती।

? *दूसरों की राय आपकी आलोचना के प्रति पूर्वाग्रह से ग्रस्त हो सकती है। आपको अपनी कौन-सी आलोचना विशेष रूप से पसंद है ? आज जब मूल्यांकन का आधार विशुद्ध रचना-धर्मिता न होकर, 'समूहपरक' और 'संबंधपरक' हो गया है, क्या आप अपनी आलोचनात्मक प्रतिभा के मूल्यांकन से संतुष्ट हैं ?*

प्रत्येक व्यक्ति के राग-द्वेष और लगाव होते हैं। रुचि भी होती है। साहित्य रचना में राग-द्वेष का अतिक्रमण करता है। वह यह जाँचता है कि क्या यह सबके अनुभव की चीज है। सबके अनुभव में कल्मष और चिपचिपाहट नष्ट हो जाती है। देखना यह होता है कि मेरी पसंद अकेली है या सबकी है ? सबके स्तर पर सबको अपने में भरकर सोच श्रेष्ठ होती है।

जैसाकि मैंने कहा, मैं मूलतः न अपने को आलोचक मानता हूँ न ही काव्यशास्त्री।

मैं पूर्वाग्रहों की चिंता भी नहीं करता। उनसे बहुत उद्वेलित भी नहीं होता। ऐसा छुईमुई भी नहीं हूँ कि प्रभावित हो जाऊँ।

साहित्य की समझ और मनुष्य की समझ एक मूल्य है, निरा विलास नहीं। परिश्रम करना, सफल होना, उद्देश्य नहीं होता। मूल्य-प्रक्रिया के दौरान विचार करके व्यक्त करना ही प्रमुख उद्देश्य होता है।

मैं पेशेवर आलोचक नहीं हूँ। बहुत कम आलोचनाएँ लिखी हैं। भूमिकाओं और समीक्षाओं से बचना अध्यापक होने का धर्म समझता हूँ। मैं समकालीन साहित्य की प्रायः आलोचना नहीं करना चाहता। कतराता नहीं हूँ पर मैं उसे परिपक्व नहीं मानता। जब तक वक्त गुजर न जाए, रचना की परीक्षा हो नहीं सकती, होती नहीं। धीरे-धीरे उसे रगों में भिदना (विधना) चाहिए। कवि सम्मेलन में लोग तरन्नुम में कविता पढ़ते हैं, उसका असर देर तक नहीं रहता। साहित्य वह है जिसे बार-बार दोहराया जा सके। बार-बार रुचि उत्पन्न करायी जा सके। वह रचना शोध-निबंध या समीक्षा नहीं है। उसमें जोड़ा जा सकता है। बुद्ध ने कहा है कि जिस नाव से पार करते हो उसे जला डालो। पुस्तक को पढ़ा और उसे भुला दिया। वह साधन है साध्य नहीं, उसे भुला डालो। आँखिन देखी और पोथी का अंतर समझता हूँ। वहाँ से निजी अनुभव में लौटना होता है जहाँ पिसाई होती है। उस पिसाई के बगैर वह अनुभव सबका नहीं हो सकता।

तुलसीदास ने कहा है—

है श्रुति विदित उपाय सकल पर
    केहि केहि दीन निहोरै।
तुलसीदास यह जीव मोह रजु,
    जोइ बाँध्यो सोइ छोरै।

[?] *आपने जो लिखा है, बहुत अच्छा लिखा है। उससे आपकी पहचान और प्रतिष्ठा हुई है। लेकिन इस बारे में आलोचकों का व्यवहार रूखा रहा है। उसके विषय में आपने क्या सोचा है ?*

सच यह है, मैंने नहीं सोचा। यह भ्रम है कि रचना की प्रतिक्रिया आलोचक से ही मिलती है। वह पाठक या भावक से मिलती है। वही काटता-छाँटता है। पेशेवर आलोचक की राय से हँसी आती है। जो दूसरों ने लिखी, उसी पर फिर लिख दिया ! सच यह है कि वह अन्विति की तलाश नहीं करता। इससे मनोरंजन ही होता है, जबकि भावक की प्रतिक्रिया अपील करती है। वास्तविक रूप में मैं यह मानता हूँ कि रचना के पचास वर्षों के बाद उसकी सही आलोचना होती है। परीक्षा पहले होती नहीं, भौतिक मृत्यु के बाद होती है। अधिकतर आलोचना स्तुतिपरक या निंदापरक होती है। पहले आलोचना में पूरी पंक्ति को समझकर दोष बताए जाते थे, अब होता

यह है कि या तो किसी को उठा दो या तुरंत गिरा दो। तब रचनाकार से ममता नहीं, रचना से ममता होती थी। प्रायः मुझे पाठकों या भावकों के पत्र मिलते रहते हैं। उनसे झनझनाहट होती है। वे शिकायत भी करते हैं पर वह शिकायत आत्मीय लगती है। गहराई में चले गये तो श्रम सार्थक प्रतीत होता है। पाठकीय प्रतिक्रिया का एक रोचक प्रसंग है—राहुल जी कौतुकप्रिय थे। उनके पास हमारे रिश्ते के एक चाचा साहित्य-चर्चा के लिए आया करते थे। उन्हीं दिनों 'शेखर : एक जीवनी' छप रहा था। अज्ञेय जी आए हुए थे। उनका बिना परिचय दिए राहुल जी ने चाचा से पूछा—'उपन्यास कैसा लगा, चाचा ?' चाचा बोले—'क्या बताएँ ? मिलते तो चार जूते लगाते। शेखर को कहीं का न रखा।' अज्ञेय जी किंचित् मुस्कराए, उन्हें लगा कि मजूरी मिल गयी।

राहुलजी ने कहा—पाठक की पात्र के साथ सहानुभूति हो जाए, वह क्रुद्ध हो जाए, तब समझ लेना चाहिएं कि निश्चय ही अच्छा उपन्यास है।

आज के आलोचक पहले ही निर्णय किए होते हैं कि यह इस खाने में है, वह उस खाने में। हमें ऐसे आलोचकों की चिंता नहीं है।

? *आपकी सामान्य प्रतिक्रिया पेशेवर आलोचकों के प्रति है। वे दो या तीन तरह के हैं—एक वे हैं जिनका विरोध विचारधारा को लेकर है—जैसे आप अज्ञेय जी के साथी रहे हैं जो साम्यवाद विरोधी हैं। इस समय देश के सामने जनमुक्ति का प्रश्न है। इसलिए मार्क्सवादी आलोचकों ने उपेक्षा की, प्रहार किए और कटु अभिमत दिए।*

बीच में बात काट दूँ—मेरी उपेक्षा करने वाले गैर-मार्क्सवादी भी कम हैं। वे तथाकथित आधुनिकतावादी या तटस्थतावादी हैं।

? *आपने साम्यवादी देशों, रोमानिया और वियतनाम की यात्रा की। अपने यात्रा-विवरण में कहीं अनुकूल टिप्पणी नहीं की। उसमें कहीं सहृदयता नहीं थी। क्या यह विचारधारा का प्रश्न था ?*

मैंने वियतनाम पर सर्वाधिक लिखा। रोमानिया के कुछ लोगों के आचार पर विवरण लिखा। वह (संस्मरण या यात्रावृत्त) रोमानिया पर नहीं था, रोमानिया के कुछ लोगों पर आधारित था। प्रश्न यह है कि कुछ लोग ऐसा मान बैठते हैं, क्या किया जाए ? मैं राहुल जी के साथ काफी समय रहा हूँ। केदारनाथ अग्रवाल, केदारनाथ सिंह, नामवर सिंह, अमृतराय, श्रीपतिराय, नेमिचंद्र जैन और प्रभाकर माचवे के साथ भी, पर अज्ञेय की स्थिति भिन्न है। उन्होंने एक भायप का निर्वाह किया है, वे भाई है। मैंने शिवरानी से पूछकर प्रेमचंद की जीवनी लिखी। 'गोदान' पर लेख लिखा। अमृतराय ने लिखा कि मैं प्रेमचंद के बारे में उतना जानता हूँ जितना अन्य कोई

नहीं। सबसे मैत्री रही, पर वैचारिक स्तर पर मतभेद रहा। वैचारिक स्तर पर अज्ञेय, धर्मवीर भारती और श्री पाध्ये (कल्चरल फ्रीडम के प्रवक्ता) की आलोचना की। व्यक्ति-स्वातंत्र्य आंदोलन का अपने शास्त्रीय ढंग से विरोध किया। विषय की गुणवत्ता के आधार पर विचार व्यक्त किए और व्यक्तिगत संबंधों को अलग रखा और उनके निर्वाह का प्रयत्न किया। मैं व्यक्तिगत संबंधों के निर्वाह को महत् मानवीय मूल्य मानता हूँ। कहीं व्यक्तिगत आक्षेप हुआ तो बुरा भी लगा। पत्नी के संदर्भ में भारती की आलोचना की। आग्रह किया कि बेटी (कांता से उत्पन्न पुत्री) को पास रखो। गरिमा और सुख से रखो। हमने पारिवारिक दृष्टि सामने रखी। पारिवारिक दायित्वहीनता का विरोध करता हूँ। जिन्होंने मेरे व्यक्तिगत संबंधों का निर्वाह नहीं किया उनके प्रति मेरे मन में वैमनस्य नहीं है। आक्रोश यदि होता है तो उपेक्षा करता हूँ। शत्रुता की भावना नहीं रखता विशेषतः उनसे जिनसे एक बार जुड़ चुका हूँ।

मैं मसिजीवी नहीं। राजेन्द्र बाबू की यात्रा पर लिखा था कि जनता क्या अपेक्षा करती है ? फक्कड़ भाव से लिखा। व्यक्ति का महत्त्व न आज है, न तब था। *लेखक की असहमति हमेशा बगावत नहीं होती। जनतंत्र में लेखक के स्वतंत्र अहम् की भी आवश्यकता है। उसके बिना वह पनप नहीं सकता। अहम् व्यक्ति का नहीं, भाषा और विचार के स्तर पर साझेदारी के लिए अर्पित लेखक का है।*

[?] *आपने दो संग्रह दिये—'साहित्य का प्रयोजन' और 'अंगद की नियति' पढ़े। उनमें लोक-प्रेम छलकता है। उनमें कृत्रिम नागरिक जन्य व्याधियों का विरोध, सहज मानव की प्रतिष्ठा, मनुष्य की खोज है, और उनमें दिन-पर-दिन सिकुड़ते ग्राम्य-जीवन की उत्कृष्टताएँ थीं। यांत्रिकता और नगरीयकरण से बढ़ती हुई चिंता है। इसमें जो लोक-प्रेम और ग्राम्य-जीवन-प्रेम है, उसे लोक-मंगल के पक्षधर आलोचकों ने क्यों नहीं देखा ?*

मैं क्या उत्तर दूँ ? आलोचकों ने मुख्यतया कविता और कहानी, दो ही विधाओं को देखा है, अन्य को अनदेखा किया है। वे निबंध को कम देखते हैं। पाठ्यक्रम में जैसे-तैसे पढ़ाते हैं; जैसा पढ़ाते हैं, उससे हँसें या रोएँ, समझ में नहीं आता। उसके चलते रचना नहीं पढ़ते। श्री विजयदेव नारायण साही का यह कथन था कि मुझमें ग्राम्य-जीवन के प्रति 'नोस्टेलजिया' है। नामवर सिंह का कथन है कि पंडित जी अतीतजीवी हैं।

[?] *जबकि नामवर का संबंध ग्राम्य-जीवन से रहा है।*

वह ग्राम्य-जीवन पर लिखते हैं पर समग्र दृष्टि से विचार करके नहीं। धूमिल पर आलोचना लिखी—ग्रामीण जीवन के प्रति मोह तो हम दोनों का है। वह मोह नहीं है, जड़ों की पहचान की लाचारी है। किंतु उसमें सामाजिक दृष्टि का भी उल्लेख

है। दूसरे संग्रह की भूमिका में आक्रोश के हेतुओं पर ध्यान दिया है। पहले संग्रह में कविता की मीमांसा का समय नहीं था क्योंकि कवि की कुछ ही समय पूर्व मृत्यु हुई थी।

? *आप संस्कृत के प्रकांड पंडित हैं। भाषाशास्त्र, दर्शन और व्याकरण में गति है। आप चाहते तो आलोचना को मोड़ दे सकते थे। अधिकांश आलोचकों का ज्ञान न संस्कृत का है और न पश्चिम के साहित्य का। नगेन्द्र में संस्कृत का आधार नहीं, हजारीप्रसाद में था, पर पश्चिम का नहीं था।*

मैंने अंग्रेजी में संस्कृत के काव्य पर निबंध लिखे—शोधपरक। कुछ अनुवाद भी किए। मेरी जिंदगी व्यस्त, भाग-दौड़ की रही है। हिंदी साहित्य का इतिहास लिखने की योजना हजारीप्रसाद जी के साथ बनी थी, जो पूरी नहीं हो सकी। संस्कृत काव्य का इतिहास लिख रहा हूँ। हिंदी साहित्य की प्रवृत्तियों पर भी लिख रहा हूँ, इस दृष्टि से कि इसकी जमीन पर संस्कृत, फारसी और लोककाव्य का प्रभाव है। मैं अतीतजीवी नहीं हूँ। अगर वेद का प्रतिफलन रामचरितमानस में हुआ तो क्या तुलसीदास अतीतजीवी हो गए ? निराला ने तुलसीदास पर लिखा, क्या वे भी अतीतजीवी हो गए ? मैं अतीत के प्रति मोहासक्त नहीं। मेरे लिए वही अतीत सार्थक है, जो गया-गुजरा नहीं है, वह सार्थक है तो निरंतर चला आ रहा है।

? *आपने एक बार कहा था कि मैं सनातनी दृष्टि का समर्थक हूँ जो प्रवाही, जड़, गतिशील, नितनूतन और सनातन है। सनातनता और आधुनिकता की संगति कैसे हो ? आधुनिकता का आधार समकालीनता है। पर एकमात्र कसौटी है—निर्ममता से जाँच कि कितना ग्राह्य है—कितना नहीं ? इसकी जाँच अनिवार्य है।*

आधुनिकता और समकालीनता में अंतर है। आधुनिकता में बेधक दृष्टि रहती है, समकालीनता तो समय के प्रति पूरा समर्पण है। परंपरा में सनातन का आग्रह नहीं, सनातन की खोज रहती है, वह ट्रैडिशन नहीं, ट्रैडिशन परंपरा शब्द का गलत अनुवाद है। ज्यों की त्यों, यथावत् हस्तांतरण हो जाए, यह परंपरा का अर्थ नहीं जबकि ट्रैडिशन का यही अर्थ है। परंपरा वही है जो उत्कृष्ट से उत्कृष्टतर हो। उसमें त्याग और ग्रहण दोनों होंगे। उसमें निरंतरता बनी रहेगी। वहाँ क्लेश या मुठभेड़ परंपरा से नहीं, इतिहास से है, इतिहास से बँधे पश्चिम समाज से है। एशिया में चीन से है, पश्चिम में यूरोप (ग्रीस को स्रोत मानता है) से। पश्चिम के विचारक मानते हैं कि ईसा मसीह से ऐतिहासिक उद्देश्य की पूर्ति हुई—उसके बाहर जो हो, वह गुलाम हो, अन्य हो। पर इसके विपरीत भारत में परंपरा है। इतिहासपूर्ति छोटी हो जाती है, इसके आगे अशोक ने माना था पुराण प्रकृति है, जनता का विधान है, चलेगा।

अव्यवच्छिन्न व्यवहार ही धर्म है, धर्म चलेगा—समष्टि द्वारा स्वीकृत धर्म है, वह चलेगा। राजा और ब्राह्मण साधक हैं, वे इसके निर्णायक नहीं। यह धर्म इतिहास को नहीं मानता। धर्म मिथ या पुराण को मानता है, इतिहास को नहीं। वह दृष्टि देश और काल को पहचानते हुए बँधेगी नहीं। हमारे देश में इतिहासबद्धता नहीं है और इसीसे प्रतिशोध विरक्तवृत्ति विकसित होने का यहाँ अवसर न मिला। पूर्वजों में वैरी के प्रति आक्रोश हो पर उनकी संतान के प्रति प्रतिशोध की भावना रही नहीं। सब मिल-जुलकर रहे। अंग्रेजों ने यहाँ इतिहासबद्ध दृष्टि पनपाई। चाहा कि आर्य-द्रविड़, हिंदू-सिख, सब अलग-अलग हों। इतिहासबद्धता के कारण सिख अलग हो रहे हैं। इतिहास-निरपेक्ष दृष्टि धर्म को विश्वास से अलग मानती है। इण्डोनेशिया में मरने पर रामायण की पंक्तियाँ उद्धृत करने को चुनते हैं। वे धर्म को सार्वभौम मानते हैं। वास्तव में परंपरा का विरोध आधुनिकता से नहीं क्योंकि परंपरा रूढ़ि नहीं है। आधुनिकता परिवर्तन की प्रामाणिक या उपयोगी पहचान है।

[?] *यह अंतर बहुत अच्छा है। जहाँ इतिहासबद्ध दृष्टि नहीं होती वे मिथकीय हो जाते हैं। विवेकवाद इस मिथकीय दृष्टि से विकसित नहीं हुआ। यह अंधविश्वास नहीं। मिथक से पुनर्जागरण कमजोर पड़ता है—आदमी पौराणिकता में फँसा रहता है।*

जिन्होंने मिथकीय को पुराना मान लिया उनसे हमारा विरोध है। मिथकीय दृष्टि में पुराण या पुराना नया बनकर आता है। सूर्य उदित होता है—नया-नया आता है। उषा के द्वारा उल्लास व्यक्त करता है। लेकिन यह जीवन की घटना या अस्तित्व का क्या होगा ?

[?] *बौद्धिकता का क्या होगा ?*

मिथक के भीतर बुद्धि का अंश किस प्रकार है इसे एक उदाहरण से देखा जा सकता है। 'महाभारत' में अजगर ने युधिष्ठिर से प्रश्न किया—हजार बार वर्णसंकर हुए—फिर जाति का निश्चय कैसे हुआ ? युधिष्ठिर ने उत्तर दिया—मनुष्य की उच्चता का आधार शील है। प्रमाण वेद के कर्मकांड का दिया। यज्ञ जब होता है तो अंत में 'यज्ञा महे' 'न वह यज्ञ कर रहा, न मैं कर रहा हूँ, हम कर रहे हैं', कहा जाता है। 'हम' सोचते हैं, यही शील है। यह *अहम्* प्रज्ञा का *वयम्* प्रज्ञा में परिणत होना है। विवेक से शील का संसर्ग वयम् प्रज्ञा है। केवल विवेक सा वैज्ञानिक अहंकार में परिणत होता है। अहं केंद्रित स्वतंत्र बुद्धि विनाश करती है। उन्नीसवीं शताब्दी का चिंतन इतिहास-चेतना के कारण है। पुनर्जागरण काल में कमी यह है कि विवेक में अहम् है। उन्होंने संपूर्णता नष्ट कर दी। उसकी दृष्टि खंडपरक थी अतः पुनर्जागरण अधूरा था, वह अब होगा। हम दयानंद और राजा राममोहन राय का पुनर्जागरण खंडित मानते हैं।

? *वैज्ञानिक चिंतन के साथ पौराणिक मिथकीय दृष्टि के साथ संगति कैसी बनेगी ?*

भारत में संगतिपूर्ण दृष्टि है। उन्नीसवीं शती का विज्ञान भौतिक विज्ञान दूसरे प्रकार की संपूर्णता की बात करता है। एक जीवन का दूसरे जीवन में विकास। आधुनिक जीवविज्ञान मानता है कि प्रत्येक छोटे-छोटे प्राणी की निश्चित भूमिका है। हम इसे भूल जाते हैं। संरचना की समग्रता पर भारतीय दृष्टि ने बल दिया। विश्व को जो उपभोग्य मानता है, वही परिवेश की सुरक्षा पर सोचता है। परंतु वह वैज्ञानिक दृष्टि बदली है। हमारे यहाँ के लोग न्यूटन से बँधे हैं। हाइजनबर्ग, ओपेहाइमर और आइंस्टीन से नहीं। इनका चिंतन उन्मुक्तता देता है, उसे संबद्ध नहीं करता। यहीं वैज्ञानिक दृष्टि से सोचता है—भारतीय पुनर्जागरण का युग अब आया है।

हम साम्यवादी व्यवस्था के गुण-दोषों से परिचित हुए हैं। यूरोप की स्थितियों से और दर्शन से प्रभावित हुए हैं। बिना नैशांधकार पाए आलोक का आगमन नहीं होता। आधुनिकता का नशा अब उतर रहा है, रात अब ढल रही है, अब जागरण सही और सार्थक जागरण होगा।

? *आपने इतनी गहराई से सोचा। किसी से आच्छादित नहीं—मौलिक सोचा। इससे दिशा उभरी। दो विकल्प—पूँजीवादी और साम्यवादी।...*

तीसरा हिंदुस्तान का अपना विकल्प होगा। अपने मंडल का प्रश्न है—है भी, नहीं भी, संभावनाएँ देखते हैं। निरंतर परखते हैं। इस तंत्र को पार करके सोचना तो दुर्निवार है। क्या मनुष्य इतना अवश है कि यह उसका शिकार हो जाए ? भीतर देखते हुए—एक संभावना या विकल्प यह जो मिला है, तुम्हारा नहीं है, सबका है।

? *आपका चिंतन सद्भावनापरक या आर्ष है। त्याग से रहें, समष्टि के साथ रहें। गाँधी जी के सिद्धांत यहीं के थे। उनका ट्रस्टीशिप का सिद्धांत नहीं चला, इससे स्वामित्व का संघर्ष रहा। ऐसे में हम क्या कर सकते हैं ?*

यह लिखकर नहीं हो सकता। सामाजिक स्तर पर इसके दूसरे उपाय करने होंगे।

? *प्रश्न यह है कि 20-25 प्रतिशत भोग रहे हैं, शेष सह रहे हैं, भाग रहे हैं। क्या वैधानिक तरीकों से बदल रहे हैं ? आप लोहिया जी के प्रबुद्ध साथी रहे हैं। उन्हें समझा है। समूह क्या करे ? चुनाव से कुछ नहीं होता। ऐसे समाज में जहाँ शोषित, प्रवंचित और पीड़ित हैं, उसमें क्या करें ? कहीं ये बातें सामूहिक परिवर्तन में बाधक हैं, इसलिए उग्रता आ रही है। आक्रोश उत्पन्न हो रहा है। क्या स्पष्ट उत्तर या समाधान तत्त्वदर्शी मनीषा है ? लोग पराजित ही रहे हैं, क्या हो सकता है ?*

मैं इसका समाधान ऐसी क्रांति या तैयारी का अभाव मानता हूँ। बाहर की शक्तियाँ इस षड्यंत्र में सक्रिय हैं। उसमें रक्त की उबाल की क्रांति हो, तो विफल होगी। जिस प्रकार मंथन की आवश्यकता है, वह नहीं हो रहा है। जानना जरूरी है कि कौन-सी चीज हमेशा तोड़ती है। जो हो रहा है, उबालपरक है। हमें निराशा होती है कि तैयार नहीं है। उसकी विफलता की चिंता नहीं। महाश्वेता के उपन्यासों का इसलिए प्रशंसक हूँ। गाँधी के नक्शे को मानता हूँ—बलिदान के बिना वह भ्रामक हो जाता है। हम बिना तैयारी के सामंतवाद में उतर गए। बुद्धिजीवी के साहस के बिना नेतृत्व सफल नहीं हो रहा। लोहिया जी ने कहा था कि खर्च पर रोक लगानी चाहिए। मूल्यों पर नियंत्रण हो। कोई ऐसा राजनीतिक दल नहीं है जो बिना समझौते फिर जनहित की नीतियों को कार्यरूप में परिणित कर सके। दायित्वहीन समझौतापरक दलों की नीतियों से मैं असहमत हूँ।

? *यहाँ एक प्रश्न उठ खड़ा होता है—क्या साहित्यकार के लिए राजनीति के प्रति आस्था आवश्यक है ? आज जिंदगी में राजनीतिजन्य जो तनाव है, इससे मुक्त कैसे हुआ जा सकता है ?*

राजनीति के प्रति आस्था आवश्यक है। राजनीतिक मतवाद सैद्धांतिक भूमिका तैयार करें लेकिन उसके साथ सक्रिय कर्म जरूरी है। इससे अनुशासन (डिसीप्लिन) आता है। साहित्य से प्रतिबद्धता नहीं होती तो गलत निर्णय होते हैं, उन्हें 'चेक' नहीं किया जा सकता। तनाव है, सही है। पहले भी रहे हैं। राजतंत्र में कवि मंत्री थे। गणतंत्र में भी। साहित्य राजनीति से अलग रहा हो, यह बात नहीं। लिखने वाले को ऊपर उठना पड़ता है। राजनीति की दृष्टि से जोखिम उठाना पड़ता है। क्या तालस्ताय ने यह जोखिम नहीं उठाया ? जारशाही-युग के किसानों का रूप प्रस्तुत किया।

? *समकालीन कविता में राजनीतिक संबद्धता बड़ी थी। आक्रोश-असंतोष भी दिखाई दिया था। क्या उसने सामाजिक परिवर्तन या विकल्प की भूमिका निभायी थी ?*

साहित्य राजनीति का विकल्प नहीं है। जो लोग साहित्य में लड़ते, गरजते हैं—व्यवहार में नहीं लाते। साहित्य में सत्ता का विरोध करते हैं, राजनीति में निषेध का साहस नहीं रखते। ऐसा साहित्य बड़ा नहीं हो सकता। दलबद्ध राजनीति में बहुत जगह नहीं कहा जा सकता। दल के प्रति आस्था बनी रहती है। सिद्धांत प्रतिबद्ध राजनीति में जो साहित्यकार के व्यक्तित्व का अंग है निषेध की गुंजायश बराबर रहती है।

? *इसका अर्थ हुआ विचार और कर्म की संगति आदर्श स्थिति है ?*

हाँ, आदर्श स्थिति है। पर पालन कहाँ तक करते हैं, यह देखने की बात है। देव दरबार की स्तुति भी करते थे पर अपनी कविता राधाकृष्ण पर लिखते थे। रहीम ने 'बाबरनामा' का अनुवाद किया तो दूसरे प्रकार की रचनाएँ भी लिखीं।

? *गद्य की अन्य विधाओं की अपेक्षा आपने निबंधों को अभिव्यक्ति का माध्यम क्यों चुना ? जबकि निबंधों का समीक्षाशास्त्र अपर्याप्त और अविकसित रहा है। मुझे लगता है आपकी अभिव्यक्ति का सशक्त माध्यम कविता हो सकता था क्योंकि आपके ललित निबंधों में कविता की लय है। सहृदय एवं संवेदनशील होने के साथ आपने विदेशी कविताओं का आस्वादन हिंदी पाठकों को कराया और हिंदी कविता के श्रेष्ठ को विदेशी पाठकों तक पहुँचाकर सार्थक प्रयास ही नहीं किया अपितु कविता के प्रति गहरे लगाव को भी व्यक्त किया है। इसके बावजूद पानी की पुकार का वैसा स्वागत नहीं हुआ जो यह संकलन पाने का अधिकारी था, क्या इसमें आपके निबंधकार के व्यक्तित्व के प्रति रूढ़िग्रस्तता बाधक रही है ?*

समीक्षा शास्त्र से निर्देश लेकर जो लिखता हो, उससे यह प्रश्न अधिक सार्थक होता, मैं उस तरफ से निश्चिंत होकर लिखता हूँ। लिखता क्या हूँ, लोग लिखवा लेते हैं, कुछ घटित होता है, वह लिखवा लेता है। कविता में दूसरे प्रकार के दबाव में लिखता हूँ, वे दबाव मेरे मन पर पड़ते हैं। जब पड़ते हैं तो लिखता हूँ। छपने के लिए संग्रह पड़ा है, व्यवस्थित करने की फुरसत नहीं। वैसे अब उपन्यास और अनुशीलनपरक निबंध अधिक लिखना चाहता हूँ। इधर प्रकाशित संचारिणी और 'श्यामरसायन' संग्रह के निबंध इसी प्रकार के हैं। लेखक के ऊपर एक ठप्पा पड़ जाता है, वह बना रहता है; अब उसका क्या करूँ ? मैं तो अपने को लेखक ही नहीं मानता क्योंकि मैं पूरा समय लेखन को नहीं दे पाता। अधिकतर तो मैं व्याख्याकार की भूमिका अदा करता हूँ। पर मन जरूर मिला है निषेधी, वही लिखवाता है।

परंपरा के द्वार से आधुनिकता

भेंटकर्ता : विद्याबिंदु सिंह

? *आपने कितने वर्ष की अवस्था से लिखना शुरू किया ?*

12 वर्ष की उम्र से। 'शंकर' साप्ताहिक गोरखपुर से निकलता था, उसमें पहली रचना छपी। पहले ब्रजभाषा में कविता लिखी। हिंदी में कहानियाँ लिखीं, जो स्थानीय पत्रिकाओं में छपीं। निबंध-लेखन 1944 से प्रारंभ हुआ। इलाहाबाद की पत्र-पत्रिकाओं में लिखना शुरू किया। पहला निबंध संग्रह 'छितवन की छाँह' 1952 में छपा।

? *आपने अभिव्यक्ति के लिए निबंध विधा ही क्यों चुनी ?*

मैंने साहित्य को व्यवसाय के रूप में नहीं लिया। बचपन से ही मुझे अच्छी भाषा का संस्कार प्राप्त करने की रुचि थी और वस्तुओं को बारीकी से देखने में रुचि थी। बचपन से ही किताबों का कीड़ा रहा। इन सबके कारण निबंध, और विशेष रूप से ऐसा आत्मपरक निबंध जिसमें पुस्तकीय मन और जगत् से दोनों का उपयोग होता है, अपनी अभिव्यक्ति का अपना सहज माध्यम लगा। कविताएँ भी लिखीं, पर अधिकतर तो कुछ दूसरी कविताओं से अभिभूत होकर ही लिखीं, कुछ बड़ी गहरी परेशानी में लिखीं। आलोचना भी लिखी। पर अधिकतर आस्वादपरक आलोचना लिखी।

? *आपने शास्त्रीय और दैनिक व्यवहार, दोनों प्रकार की भाषा का प्रयोग किया है, यह सप्रयास है कि सहज ?*

मैंने अपनी भाषा में लगातार यह कोशिश की कि वह परंपरा से जुड़ी हो और साथ ही आधुनिक हो। परंपरा और आधुनिकता मेरे लिए विरोधी स्थितियाँ नहीं हैं। पर ऐसे जमाने में मैं लिखता रहा जब इन दोनों में विरोध देखा जाता रहा। और इसीलिए मुझे तनाव के भीतर से गुजरना पड़ा। उस तनाव से क्लेश चाहे हुआ हो,

पर रचनाएँ उस तनाव से जरूर निकली हैं। मैं तो यह मानने लगा हूँ कि रचना की पूर्व-स्थितियाँ अपने आप में एक गहरी यातना हैं, जिससे निस्तार पाए बिना जब रहा नहीं जा सकता तभी रचना होती है।

? *आप संस्कृत के विद्वान् हैं। पर संस्कृत में अधिक न लिखकर आपने हिंदी में लिखा।*

मैं संस्कृत को शास्त्रीय चिंतन और संस्कार की भाषा मानता हूँ, मैंने उसे निरंतर स्रोत के रूप में लिया है। उसमें लिखना शास्त्रीय विनोद के लिए होता है, वह शुद्ध रचनात्मक नहीं होता, क्योंकि रचना बोध्य या संप्रेष्य को सामने रखकर ही की जाती है, अपने लिए नहीं की जाती। और जब मैं देखता हूँ कि मेरा संप्रेष्य संस्कृत बोलता नहीं और संस्कृत के द्वारा अपनी जिंदगी जीता नहीं, तो मैं संस्कृत में लिखने की उपयोगिता केवल शास्त्रीय चिंतन के धरातल पर ही समझता हूँ। हिंदी में लिखने का दूसरा कारण यह है कि मैंने हिंदी में लिखना चोरी-चोरी शुरू किया, घर का वातावरण संस्कृतमय था और चोरी की प्रीति अधिक मीठी होती है। ननिहाल में मैंने भारतेंदु जी की संपादित पत्रिकाएँ पढ़ीं और उनकी सजीव भाषा ने मुझे बहुत आकर्षित किया। एक और कारण यह भी था कि मैं गाँव में था और मेरी दादी-नानी, सभी के पास, लोक-साहित्य का अथाह भंडार था। घर में निरंतर उत्सव होते थे और उनमें जो लोकगीत गाए जाते रहे, उनकी छाप मुझपर बड़ी गहरी पड़ी। उस जीवन से लगाव ने भी हिंदी में लिखने के लिए प्रेरित किया। पर संस्कृत साहित्य की संपदा और उसकी कालजयी सनातन दृष्टि मुझे बराबर दिशा-निर्देश देती रही, इसलिए मैंने अपने प्रारंभिक लेखों में भी जिस भाषा का प्रयोग किया उसमें तत्सम शब्दों की बहुलता होते हुए भी ठेठ देसी मुहावरे और शब्द अनायास आ जाते थे। बाद में तद्भव शब्दों की क्षमता मैंने पहचानी और मैंने अपनी भाषा और शैली को निरंतर तोड़ते हुए नयी-नयी भंगिमा के शब्द दिए। बहुत से शब्द मैंने रचे भी।

? *आपकी कृतियों की जो समीक्षाएँ और आलोचनाएँ हुईं, उनसे आपकी लेखन-प्रक्रिया में कोई प्रभाव पड़ा ?*

मैंने पुस्तक-समीक्षा और आलोचना को महत्त्व नहीं दिया। इसलिए मैं इसकी भी चिंता नहीं करता कि मेरी कृतियों की समीक्षाएँ हो रही हैं कि नहीं ! मैं यह मानकर चलता हूँ कि साहित्य का वास्तविक मूल्यांकन साहित्यकार के जीवन-काल में संभव ही नहीं है। काल देवता ही सबसे सही कसौटी है। इसलिए अधूरी जानकारी के आधार पर की गयी समीक्षा को व्यक्तिगत स्तर पर, रचनाकार के रूप में, मैंने बहुत हल्के से लिया है। हाँ, मेरी रचना-प्रक्रिया पर पाठकों की प्रतिक्रिया का प्रभाव जरूर रहा है; पाठकों के पत्र भीतर-भीतर विश्वास भी भरते हैं और उनमें उठायी

गयी जिज्ञासाएँ संप्रेषण को और अधिक समंजस बनाने में सहायक होती हैं। अपने से बड़े लोगों की सम्मति ने और उनके आशीर्वाद ने भी रचनाशीलता को बढ़ाया है, उससे यदि अधिक नहीं तो उसके बराबर तो जरूर ही। अपने से छोटे लोगों ने मेरी रचना से सहभागिता रखी, उनके कुतूहल ने मुझे बल दिया है। जीवन में काफी संघर्ष करना पड़ा है। अपने को बहुत जुझारू तो नहीं कह सकता, पर समझौतावादी नहीं रहा हूँ। जिस प्रकार निरंतर विरोध का सामना करना पड़ा है, उससे भी अभिव्यक्ति की धार तीखी हुई है।

? *साहित्यकार के लिए क्या मूल्य-चिंता आप आवश्यक मानते हैं?*

मैं तो उस जीवन को ही सार्थक नहीं मानता जिसमें मूल्य-चिंता न हो। *साहित्य तो मूल्यों में जाँच की माँग की एक अनवरत प्रक्रिया है। जब यह जाँच रुक जाती है, तब साहित्य भी निष्प्राण और जड़ हो जाता है। यह निरंतर तप की प्रक्रिया है, अपने को कठिनाइयों में ढालने की प्रक्रिया है, तभी साहित्य में रस आता है।*

? *तो क्या आप समझते हैं कि कोई शाश्वत मूल्य नहीं होता?*

मैं शाश्वत मूल्य तो नहीं स्वीकार करता, पर सनातन मूल्य जरूर मानता हूँ। शाश्वत और सनातन में एक अंतर है। शाश्वत में आचरण में परिवर्तन नहीं होता। जबकि सनातन की धारणा आचरण को देश-काल के अनुसार परिवर्तनशील देखना चाहती है।

? *आप किन जीवन-मूल्यों को वरीयता देते हैं?*

मेरे लिए सबसे बड़ा मूल्य यह है कि संपूर्ण जीवन एक इकाई है, इसीलिए न केवल मनुष्य और मनुष्य के बीच, बल्कि मनुष्य और सृष्टि के बीच, सभी जीवरूपों के बीच, जड़-चेतन के बीच, एक-दूसरे से मिलने की बेचैनी है। यह बेचैनी ही जीवन में अन्य की तलाश है। यह तलाश जारी रहनी चाहिए। इसलिए मैं निरंतर सृष्टि में एक अन्योन्यभाव की चाह करने के लिए चिंतित रहता हूँ।

? *साहित्य और राजनीति में किस प्रकार का संबंध आपको स्वस्थ लगता है? क्या साहित्य को राजनीति के प्रभाव से मुक्त रहना चाहिए?*

मैं मानता हूँ कि राजनीति इतनी व्यापक है कि उससे कोई भी जीवित व्यक्ति अलग नहीं रह सकता है। समाज की व्यवस्था का जिससे नियमन होता है, उस प्रक्रिया की जानकारी न हो और उस प्रक्रिया से संसक्तता न हो तो जीवन की पहचान अधूरी रहती है। इसलिए मैं साहित्य और राजनीति को दो विरोधी खेमों में नहीं रखता। यह जरूर मानता हूँ, यदि राजनीति किसी भी सर्जनात्मक व्यापार का नियामक या

खरीदार हो जाती है, या आश्रयदाता हो जाती है, तो वह सर्जनात्मक व्यापार राजनीति की व्यवस्था को जाँचने और अभीष्ट परिवर्तन को गति देने में असमर्थ हो जाता है, और तब समाज के दिशाहीन और गतिहीन होने का खतरा उपस्थित हो जाता है। मेरी राय में साहित्य को राजनीति की गतिविधि में सजग रहना चाहिए ताकि वह राजनीति की तात्कालिक विडंबना या विसंगति को पहचान सके और उसके दूरगामी परिणाम भी देख सके। साहित्य में क्षमता होती है कि आगे आने वाली राजनीति का वह बीज बन जाए। मैं साहित्य-कर्म को राजनीति का विकल्प नहीं मानता। रचनाकार का राजनीतिक दायित्व अलग है और साहित्यिक दायित्व अलग है। साहित्य में किसी अन्याय का विरोध करके आदमी अपने नागरिक दायित्व से छूट नहीं पा सकता, उसे नागरिक के रूप में भी उस अन्याय के प्रतिकार के रूप में कुछ करना होगा।

[?] *आपने हिंदू धर्म पर पुस्तक लिखी है और अपने निबंधों में आप विशाल धर्म की बात बार-बार कहते रहे हैं, यह बताइए कि आपकी दृष्टि में साहित्य और धर्म में कौन श्रेष्ठतर है ?*

मैं धर्म को, व्यापक धर्म को, महत्त्व देता हूँ और उसे समस्त जीवन का संचालक और नियामक मानता हूँ। मेरे लिए साहित्य भी धर्म है। वह ऐसा धर्म है जो सतही और नकली धर्मों की परत उखाड़ने और सोने के पात्र के ढके हुए सत्य को प्रकट करने में कभी भी प्रमाद नहीं करता। इसी से कभी-कभी यह लगता है कि साहित्य प्रचलित तथाकथित धर्म का विरोध कर रहा है, पर वस्तुतः वह सही धर्म की चिंता से प्रेरित होकर ही नकली धर्म की प्राचीरों को तोड़ने की बात करता है।

[?] *आप धर्म और साहित्य के संबंध की बात करते हैं, तो क्या आप आधुनिक जीवन में धर्म-निरपेक्षता को एक मूल्य नहीं मानते ?.क्या आपको सेक्युलरवाद में और धार्मिक विश्वास में कोई अंतर नहीं जान पड़ता ?*

जिस धर्म के साथ साहित्य के रिश्ते की आवश्यकता की बात करता हूँ मैं, वह धर्म 'रिलीजन' का पर्याय नहीं, वह धर्म जीवन का प्राणभूत अंग है। वह विश्वासों की कोटियों के द्वारा निरूपित नहीं होता, वह निरूपित होता है जीने के प्रकार से। 'धर्मनिरपेक्षता' शब्द 'सेक्युलरिज्म' का गलत अनुवाद है। इसने एक ओर सच्चे धर्म का अवमूल्यन किया है तो दूसरी ओर नकली धर्म को और अधिक उभारा है। सच्चा धर्म मनुष्य-मनुष्य ही नहीं, जीव-मात्र में अंतर नहीं देखता। नकली धर्म सुरक्षा के कवच के रूप में प्रस्तुत होता है। सुरक्षा के ये कवच मद पर आश्रित हैं। इसीलिए मनुष्य के संपूर्ण जीवन को और उसकी सहजता को समझने में बाधक भी बनते हैं। सेक्युलरवाद से मेरा विरोध नहीं है क्योंकि उसका तात्पर्य इतना ही नहीं है कि शासन की किसी वर्ग की स्वीकृत व्यवस्था, सभी वर्गों की स्वीकृत व्यवस्था न मानी

जाय। अर्थ उसका यह होता है कि अधिकांश व्यवहार के स्तर पर एक सर्वमान्य व्यवस्था ही लागू की जाय जो सबके संपूर्ण जीवन की सुरक्षा की गारंटी दे और किसी को भी अनुभूति न दे कि वह मूल मानवीय और जीवन प्रयोजित मूल्यों की बलि देकर कोई व्यवस्था सीमित समाज के अधिकार के रूप में चलाए। और किसी को भी अनुमति न दे कि वह दूसरे को घृणा या उपेक्षा की दृष्टि से देखे। *हमारे देश में सेक्युलरवाद की स्थापना केवल कागज पर है। व्यवहार में हमारे देश में सेक्युलरवाद एक राजनैतिक सौदेबाजी है। यह जरा कड़ा शब्द है, पर जब हम देखते हैं कि हमारे निर्णय किसी के विशेष रूढ़िगत विचारों से आतंकित होकर समता, सामाजिक न्याय जैसे सेक्युलर सिद्धांतों की बलि देने के लिए प्रस्तुत होते हैं, तो इसी शब्द का प्रयोग करना होता है।* सेक्युलर आदर्श का अर्थ यह होता है कि सबके लिए कानून की व्यवस्था समान हो, सबको अपने व्यक्तिगत विश्वासों की अनुमति हो। पर यह अनुमति न हो कि दूसरों के विश्वासों पर व्याघात पहुँचाए या उसमें बाधक बने। इस आदर्श स्थिति को प्रत्येक राजपुरुष को अपनी व्यक्तिगत आस्था को सार्वजनिक आस्था बनाना चाहिए। उसे अपने पद की हैसियत से न मंदिर जाना चाहिए, न मस्जिद न गुरुद्वारा। उसे अपने पद की हैसियत से किसी पुजारी से, पीर से, ग्रंथी से कोई प्रसाद या सिरोपा भी नहीं लेना चाहिए। सेक्युलर आदर्श में यह भी निहित है कि ये धार्मिक स्थल घृणा के प्रचार में सहायक बनते हैं, सामाजिक अनाचार के साधन बनते हैं, देश की सत्ता में अविश्वास जगाते हैं। इन सबके ऊपर समान रूप से दृढ़ता के साथ अंकुश लगाने चाहिए और धार्मिक स्थानों, संगठनों के द्वारा जो जोर का प्रदूषण हो रहा है उस पर पाबंदी होनी चाहिए। पर ये सब बातें मैं व्यर्थ ही कह रहा हूँ, क्योंकि आज की सारी राजनीति केवल भय की राजनीति है। वह भय चाहे सत्ता पक्ष का हो, चाहे विपक्ष का, वह सबको ग्रसे हुए है। किसी को भी खतरा मोल लेकर समानता, साझेदारी और मनुष्य के परस्पर सापेक्षता तथा मनुष्य और परिवेश के बीच समरसता के बारे में सोचने का अवकाश नहीं। यह मैं केवल अरण्यरोदन कर रहा हूँ। अपने साहित्य में भी करता हूँ, यह जानते हुए भी कि अपने बहरे समाज में अपनी आवाज बहुत दूर तक नहीं पहुँचा पाऊँगा।

मैं अपने विश्वासों को व्यक्तिगत स्तर पर ग्रहण करता हूँ और अपने विश्वास, अपनी जीवन-पद्धति किसी दूसरे पर नहीं लादता हूँ। न मैं अपने साहित्य के द्वारा ही किसी पर लादता हूँ।

मैं हिंदू होने पर गर्व करता हूँ, पर मैं गर्व इसलिए करता हूँ कि हिंदू धर्म प्रचार धर्म नहीं है, संस्थागत धर्म नहीं है। वह एक व्यापक चेतना है जो सभी रास्तों के विकल्पों का महत्त्व स्वीकार करती है, केवल यही नहीं स्वीकार करती है कि उनमें से केवल एक विकल्प सबसे सच्चा विकल्प है, और एक धर्म ईश्वर का प्यारा धर्म है और एक ही धर्म से लोग मुक्ति पाने के अधिकारी हो सकते हैं। हिंदू धर्म सब

विकल्पों को बारी-बारी से आजमाने में भी विश्वास रखता है। एक विकल्प चुनने की मनुष्य को स्वतंत्रता होनी चाहिए। इसलिए मैं मानता हूँ कि हिंदू धर्म सेक्युलरवाद के बहुत समीप है और इसीलिए मुझे एक साथ सेक्युलर, समाजवादी और हिंदू रहने में कोई परेशानी नहीं होती।

? *इसी से एक प्रश्न और उभरता है। आपको परंपरावादी माना जाता है और यह भी माना जाता है कि आप आधुनिक कविता के पक्षधर हैं। यह संतुलन आप कैसे बनाए रखते हैं ? परंपरा के साथ चलकर आधुनिक चेतना को कैसे स्वीकार कर पाते हैं, जिसकी आधारभित्ति ही संशय और नकार है ?*

मैंने इस प्रश्न का उत्तर अपने निबंधों में अनेक बार दिया है। एक बात मैं बल देकर कहना चाहता हूँ कि परंपरा के भीतर से गुजरे बगैर आधुनिकता की पहचान नहीं हो सकती। आपको किसी को नकारना है तो पहले उसे जानना होगा। आप अपनी जमीन, अपनी परंपरा को जानते नहीं तो निषेध क्या करेंगे ? परंपरा को जानने पर ही बेचैनी होती है कि किसे स्वीकार करें, किसे नहीं। यह समग्र आधुनिकता का दायित्व है कि वह परंपरा को, अपने मूल्यों को निरंतर जाँचती रहे। आधुनिक व्यक्ति अपने अनुभव से निरंतर कसता रहे इस कसौटी पर कि यह अनुभव मेरा है कि नहीं, मेरे समाज के आलोड़न से तथा मेरे द्वारा किये गये आलोड़न से यह अनुभव मेरा बन पाया है कि नहीं। प्रत्येक व्यक्ति की इसीलिए अपने समय की पहचान एक नहीं होती। सबकी एक ही पहचान हो तो वह प्रामाणिक नहीं होती।

आपने यह सही सवाल किया कि कैसे संतुलन बनाए रखते हैं, क्योंकि संतुलन बनाए रखना कभी-कभी बहुत कठिन होता है। कभी-कभी अपने समय की गति को पहचानते हुए उसके खिलाफ जाने की इच्छा होती है। उस समय यह संशय होता है कि यह जाना पीछे मुड़ना तो नहीं है। इसी तरह अपनी परंपरा को अस्वीकार करने पर भी कभी-कभी गहरा द्वंद्व होता है कि हम अस्वीकार इसीलिए तो नहीं कर रहे हैं कि हम कहीं व्यक्तिगत रूप से शिथिल हो रहे हैं और अपनी सुरक्षा के लिए हम अपनी परंपरा को बनाए रखना चाहते हैं। और तब अपने को इस कसौटी पर कसना होता है कि यह मेरा अकेला अंतर्द्वंद्व है या कि मेरे समाज का भी, या यह अंतर्द्वंद्व सचमुच बहुत सालने वाले अंतर्द्वंद्व हैं या नहीं ? मनुष्य में ही यह अंतर्द्वंद्व निहित है कि वह जिन चीजों से जुड़ा हुआ है उनको छोड़ते समय बहुत कष्ट पाता है और साथ ही जो कुछ नयी चीज, नयी राह देखे उसके लिए उसके मन में सहज कुतूहल होता है। यदि यह अंतर्द्वंद्व न हो तो न तो पारंपरिक मूल्यों का महत्त्व रहे, न नये का। ये अंतर्द्वंद्व अपने अस्तित्व के भीतर एक गहरा चिराव पैदा करते हैं। इसी कारण यह मूल्य रचनाकार के निज के लिए और उसके संप्रेष्य समाज के लिए प्रभावकारी होते हैं।

[?] *अपने निबंधों में आप या तो प्रकृति की बात करते हैं या मानवीय रिश्तों की। आप सामाजिक, आर्थिक और राजनीतिक प्रश्नों पर लिखने से क्यों कतराते हैं ?*

कतराता तो नहीं हूँ, पर मूल्यों का एक तारतम्य होता है। समाज का आधार क्या है, मानवीय रिश्ता ही तो। यदि ये रिश्ते न रहें तो समाज का आकार क्या हो ? मैं समाज के आकार की कल्पना करने के लिए ही रिश्तों की बात करता हूँ। और प्रकृति की बात करता हूँ तो एक संपूर्ण जीवन की एकता की बात सोचकर और मनुष्य समाज मात्र को दायरा मानकर चलने वाले लोग जान-बूझकर सहज जीवन से अलग होते जा रहे हैं। जान-बूझकर इसलिए कहा कि मैं ऐसे जमाने में जी रहा हूँ, जहाँ पेड़-पत्ते, चिरई-चिरुंग की बात करना गुनाह है। मनुष्य के रिश्तों में ठंडापन आ जाय तो यह जो आसपास का उल्लास है, क्रंदन है, विह्वलता है उसकी ओर मनुष्य को अभिमुख करना चाहिए, यह कोई नहीं सोचता। अकेले मनुष्य कोई सत्ता में सत्ता है ? बिना प्रकृति के साहचर्य के वह है क्या ? एक जड़ित चैतन्य। एक बर्फ की सिला। क्या हम बर्फ की सिला हो जाएँ ?

जहाँ जरूरत मुझे लगी है (अपने भीतर के दबाव से ही लगी) वहाँ मैंने किसी बाहर के दबाव से नहीं, शोषण के खिलाफ निर्भय होकर आवाज उठायी। बहुत से मेरे व्यंग्य-निबंध इसके प्रमाण हैं। हाँ, यह जरूर है कि मैं अपने को किसी दल विशेष की नीति का झंडावरदार बनाने के लिए प्रश्न नहीं छेड़ता, में झंडा लेकर आगे चलने को साहित्यकार के रूप में प्रस्तुत नहीं होता, बल्कि अपनी हड्डी-मज्जा को जलाकर एक छोटा-सा चिराग लेकर आँधी और अंधकार के खिलाफ चलने को तैयार हूँ। क्योंकि मुझे विश्वास है कि इस लघुता को न आँधी बुझा सकेगी और न अंधकार लील सकेगा। एक दूब की फुनगी की सी छोटी यह सिहरन बचकर रहेगी। एक दूब-सी सुई की तरह वह अंधकार के भीतर चुभती चली जाएगी।

एक बात और स्पष्ट कर दूँ कि मैं साहित्य को धर्मशास्त्र या व्यवस्थाशास्त्र नहीं मानता। साहित्य समाज की व्यवस्था का कोई ऐसा प्रारूप नहीं तैयार करता जो आगे आने वाले जमाने के लिए ज्यों-का-त्यों ग्राह्य हो। वह व्यवस्था को केवल जाँचता है। उसमें छिद्र और विसंगति देखता है, और विसंगति एक रचनात्मक दृष्टि से देखता है, एक पीड़ा भरी दृष्टि से देखता है, वह केवल संकेत देता है कि इस व्यवस्था में अमुक बात खोटी है। वह सपने भी देखता है कि काश ऐसी व्यवस्था होती ! काश हिंदुस्तान का प्रधानमंत्री भारत के साधारण नागरिक की तरह बस की क्यू में खड़ा होता ! काश केवल गरीबी की रेखा से लोग ऊपर न उठाए जाते, नरकमल अमीरी की रेखा से नीचे भी लाने की कोशिश की जाती ! काश लड़की के होने पर भी बाप उतनी ही खुशी मनाता जितना लड़के के जन्म लेने पर ! पर ये सब सपने होते हैं। इन सपनों के आधार पर यथार्थ की रचना होती है। उस रचना के

लिए समाज के भीतर संकल्प की आवश्यकता होती है और संकल्प के पहले एक आहुति की भावना की।

? *आपके निबंधों में बड़ी गहरी आस्था के स्वर हैं। कुछ निबंध तो भक्ति से बिलकुल आप्लावित हैं। पर आपकी कविता में कहीं-कहीं अनास्था और निराशा दिखती है, ऐसा क्यों?*

आप ध्यान से मेरे निबंधों को पढ़ें तो पता चलेगा कि मेरे आस्थापरक निबंधों की जमीन एक गहरी यातना है जो मैं तरह-तरह की विसंगतियों के बीच अनुभव करता हूँ। मैंने शुरू में ही कहा कि कविताएँ मेरी कुछ ज्यादा व्यक्तिगत हैं। कविता को इसीलिए मैंने अपना एकमात्र माध्यम नहीं बनाया कि कविता लिखते समय मुझे ऐसा अनुभव होता है कि मैं जरूरत से ज्यादा अपनी बात कर रहा हूँ और मैं विश्वास कर रहा हूँ कि अपनी बात लोगों तक पहुँचाना चाहता हूँ। मैं भक्ति की बात जब करता हूँ तो अपने समाज की, विशेष रूप से उस समाज (जिसे पढ़ा-लिखा आदमी उपेक्षा-भाव से देखता है और यह मानकर चलता है कि उसे केवल रोटी, कपड़ा चाहिए, इसके अलावा उसकी कोई आकांक्षा नहीं है) के जीने का जो संबल है और मुश्किलों के बीच केवल टिके रहने का नहीं बल्कि चलते रहने का सामर्थ्य है, मैं उसकी बात करता हूँ।

मैं तथाकथित भक्तों या भक्ति की दुकान लगाने वाली संस्थाओं के हमेशा खिलाफ ही लिखता हूँ। शायद इसीलिए कभी-कभी किसी को भ्रम हो सकता है कि मैं आस्थावान नहीं हूँ। आस्था अनास्था की पीड़ा से ही उपजती है। मेरी कविताएँ लोकसंग्रही भाव से अलग हैं। इसलिए नहीं कि लोकसंग्रही भाव अपने में उपेक्षणीय हैं। पर इसलिए कि लोकसंग्रही भाव में भी मुझे खोट मिलता है। यह खोट है मनुष्य में एक गलत किस्म के अहंकार और लोभ के बढ़ने का। लोकसंग्रही प्रवृत्ति का आदमी इसलिए बहुत जल्दी कड़वा हो जाता है और धीरे-धीरे कीर्ति प्राप्त करने का आकांक्षी, पर ऊपर से निरपेक्ष भाव का ढोंगी हो जाता है और मैं जीवन के इने-गिने वर्षों को कड़वाहट और ढोंग में बरबाद नहीं करना चाहता। ऐसे संतनुमा लोगों का सच सच नहीं लगता, सच का एक वानक लगता है और ऐसे सच बोलने वालों में मुझे एक राक्षसी अहंकार की छाया दिखती है। सच तो भीतर की पीड़ा है और उस पीड़ा की गहराई के कारण समस्त जीवन के प्रति एक मधुर भाव से जुड़ाव है।

? *आपकी दृष्टि में क्या व्यक्तिगत स्वातंत्र्य और समाजवाद के बीच आस्था का द्वंद्व उपस्थित होता है और यदि होता है तो आप किस प्रकार अपने साहित्य में उसका समाधान करते हैं?*

द्वंद्व तो होता है, पर साहित्य ही तो उस द्वंद्व का समाधान है। कबीरदास बहुत

ऊँचे हैं, पर वे जब कहते हैं कि सब मुझमें है और मैं सबमें हूँ पर हम फिर भी बहुत अकेले हैं, इसका तात्पर्य यही है कि सर्व के साथ एकात्म होकर इस सर्व के सुख-दुःख को अपने सुख-दुःख, अपने सर्व सुख-दुःख को सबका दुःख-सुख मानकर साहित्यकार जब अपनी रचना करता है तब अपने को अपने से उस सर्व से अलग कर लेता है और अलग होकर अकेले होकर स्व और सर्व दोनों से मुक्त होकर लिखने के लिए लाचार होता है। क्योंकि लिखना पहुँचना होता है और पहुँचा जा ही नहीं सकता जब तक कि मनुष्य अपने समूह, अपने देश, अपने समाज में रहकर, भोग कर अपने से और अपने समाज से निर्मल रूप से तटस्थ युधिष्ठिर की तरह अकेले ऊँचाइयों पर जाने के लिए सन्नद्ध न हो, या गहराइयों में डूबने के लिए सबसे सूत्र न तोड़ ले। मैं इसी को लेकर स्वाधीनता मानता हूँ। उच्छृंखलता या अभिमान व्यक्ति चेतना को स्वाधीन नहीं मानता। साहित्य समाज में परिवर्तन की आकांक्षा करता है, परिवर्तन करता नहीं। परिवर्तन तब तक असंभव है जब तक परिवर्तन का संकल्प नहीं लिया जाता। अपनी सुख-सुविधा और स्थिति को सुरक्षित रखते हुए जो परिवर्तन की बात करते हैं, वे यह नहीं सोचते कि कथनी और करनी में जब तक अंतर है तब तक परिवर्तन समाज को संप्रेषित नहीं किया जा सकता।

? *आप व्यक्ति को अधिक महत्त्व देते हैं या समाज को ? इसी से जुड़ा हुआ एक प्रश्न और है, कि आप क्या यह मानते हैं कि साहित्य को समाज के प्रति प्रतिबद्ध होना चाहिए और समाज में परिवर्तन करने का कार्य करना चाहिए ?*

इस प्रश्न का उत्तर देने से पहले यह बतलाना जरूरी है कि साहित्य अपने आप में एक सामाजिक उद्देश्य है क्योंकि वह समाज को संप्रेष्य होता है। समाज की परख के बिना संप्रेषण हो नहीं सकता और समाज के साथ एकात्म हुए बिना सही भाषा भी नहीं मिल सकती।

जब कोई भी साहित्यकार रचना करता है तो उसका आधार उसका व्यक्तिगत अनुभव होता है। बिना इस अनुभव की घरिया में पड़े सामाजिक परख प्रामाणिक नहीं होती। दूसरे का अनुभव कितना भी गहरा क्यों न हो, कितना भी मूल्यवान क्यों न हो, रचना के काम नहीं आता, न दूसरे की भाषा काम आती है। भाषा भी जब अपने अनुभव से और अपनी मुश्किलों के समाधान से आती है, तभी प्रभावकारी होती है। मैंने भाषा समाज के हर स्तर के व्यक्ति से शब्द संकलन करके नहीं, उनके साथ अपनापा जोड़कर पायी है। मुझे समाज के हर एक व्यक्ति में एक अपने किस्म की अद्वितीय चिनगारी मिलती है जिसका अपना अलग ताप होता है, अलग प्रकाश होता है। उन सबके तापों और प्रकाशों का योग समाज नहीं, बल्कि उन तापों और प्रकाशों में जो एकता दिखती है वह समाज है। इसीलिए मैं व्यक्ति को समष्टि के

अभिव्यंजक के रूप में, महत्त्वपूर्ण मानता हूँ। अपने व्यष्टि के या अपने देखे आत्मीय के दुःख या सुख के क्षण को शिखर मानता हूँ और ऐसे अनेक शिखरों से बनी हुई पर्वतीय क्षितिज रेखा के रूप में मैं समाज को देखता हूँ। व्यक्ति को ही मैं निरे व्यक्ति के रूप में नहीं, बल्कि साकांक्ष व्यक्ति के रूप में समाज-सापेक्ष महत्त्व देता हूँ और उसके अकेलेपन तथा बेगानेपन में भी जीवन की एक तृषा और जुड़ाव की अभिलाषा देखता हूँ। इसलिए मेरे निबंधों में आपको गाँवों, शहरों के, हर तरह के व्यक्ति मिलेंगे, पर वे निरे व्यक्ति नहीं हैं, वे समुद्र की उछली हुई बूँदें हैं।

आपने जो सामाजिक प्रतिबद्धता की बात पूछी है, मैं केवल इस माने में अवश्य प्रतिबद्ध हूँ कि मैं जिस समाज में रहता हूँ, जिनकी भाषा बोलता हूँ, लिखता हूँ, उनके प्रति पूर्णतः समर्पित हुए बिना लिख नहीं सकता। किंतु मैं इस प्रकार की प्रतिबद्धता में विश्वास नहीं रखता जो मुझसे अपेक्षा रखे कि मैं समाज की किसी दी हुई व्यवस्था का पूरी तरह अनुसरण करूँ या समाज परिवर्तन के किसी दिए हुए नक्शों पर अपना सही लगाऊँ, बिना उसे समझे, जाने हुए। अब आप स्वतंत्र हैं मुझे समाज के प्रति प्रतिबद्ध समझें या समाज का एक गैर-जिम्मेदार प्राणी मानें। मैं समाज के हित में ही कभी-कभी पूरे समाज के खिलाफ आक्रोश व्यक्त करता हूँ। उसमें कोई व्यष्टि का अभिमान नहीं है बल्कि उल्टे व्यष्टि के लिए खतरा है, समाज में अप्रिय रहकर जीने का खतरा है। पर यह खतरा सिवाय साहित्यकार के और कौन उठायेगा, यह सोचकर उठाता रहता हूँ। अपने को बहुत-सी सहज प्राप्य प्रतिष्ठाओं से वंचित करता रहता हूँ। अपने घर के मोह छोह-वश ही मैं घर के बाहर कर दिया गया हूँ, इसी को आदर्श स्थिति मानता हूँ, अंग-अंग कट जाय, कुछ भी न रह जाय, पर कट-कटकर परायेपन को चुनौती देने का भाव फड़फड़ाता रहे, रचनाकार का यही अमरत्व है।

? *अपनी एक जिज्ञासा का समाधान चाहती हूँ। आप बीसों वर्षों से गाँव में नहीं हैं और गाँव की बात इतनी अधिक करते हैं, लोक-साहित्य और लोक-भाषा की इतनी गहरी रुचि आप में है, ऐसा कैसे है ?*

आपने सही कहा कि मैं गाँव में नहीं रहता हूँ। पर गाँव मुझमें रहता है। मैं गाँव की बात नहीं करता हूँ, गाँव वाले मन की बात करता हूँ, लाख शहरी प्रभावों के बावजूद शहरी नहीं हो पाता और इसलिए वह मन एक बड़े संदर्भ की बड़ी बेचैनी से जुड़ने के लिए बेचैन रहता है। भले ही बेचैनी का रचना के रूप में परिणाम जैसा होना चाहिए वैसा नहीं दिखता। लोक-साहित्य और लोक-भाषा के बारे में मैंने शुरू में ही कहा है कि मेरी माँ लोक पुराण की एक अद्वितीय व्यास थीं। गाँव में ही नहीं, पूरी बिरादरी में उनसे लोग लोक-अनुष्ठान की बात पूछने आते थे। उनका कंठ और व्यवहार दोनों मधुर था। लोक-भाषा, लोक-साहित्य से मेरा जुड़ाव मेरी अपनी माँ से जुड़ाव है।

? *आप क्या अपनी समस्त रचना से पूरी तरह संतुष्ट हैं ?*

आपके इस प्रश्न का उत्तर हाँ भी है और नहीं भी है। हाँ इस अर्थ में है कि मैंने बहुत कम ऐसा लिखा है जो अपने भीतर के दबाव से न लिखा हो। इसलिए मुझे संतोष है कि कच्ची ही सही, असमर्थ ही सही, अभिव्यक्ति मेरी अपनी है। मैं पहले ही कह चुका हूँ कि मैं किताबी कीड़ा हूँ। अनेक रचनाकारों की गूँजें मेरे साहित्य में मिलेंगी। पर ये गूँजें मेरे जीवन का अंग बन गयी हैं और मुझे लगता है कि अच्छी पुस्तकें कुछ-न-कुछ ऐसा करती हैं कि व्यक्तित्व को तराश देती हैं। मैं इस रूप में अपने पूर्ववर्तियों के प्रति प्रणत हूँ कि उनके द्वारा ही मैं बना हूँ।

आपके प्रश्न का उत्तर ना में इसलिए देना चाहता हूँ कि मैं अभी तक ऐसा कुछ नहीं लिख सका जो मेरी कल्पना का ऊँचा साहित्य हो। वह लिखने की साध है, पर लिख पाऊँगा कि नहीं, नहीं जानता हूँ। यह साध इसलिए है कि मेरी तुच्छ रचनाओं के भी कुछ आस्वादक हैं। मैं जैसी जिंदगी जीता रहा हूँ, भाग-दौड़ की, आपा-धापी की, बहुधन्धीपन की, उसमें जो कुछ लिख गया है, मेरे बावजूद लिख गया है। मेरा वश चलता तो शायद नहीं लिखा जाता। उस लिखने से मुझे निष्कृति मिली है, अपने भीतर के हिसाब से कि मैं अपना दर्द कैसे सँभालूँ। पर उस लिखने से मुझे निरंतर यह एक चेतावनी भरी चुनौती भी मिली है कि तुमने अभी लिखने योग्य लिखा कहाँ। और तब अपना लिखा फीका लगा है। "कह्यो बिन रह्यो न परत, कहे राम रस न रहत।" विनयपत्रिका के इस कथन कि कहे बिना रहा न जाए और कह देने पर यह लगे कि जो कहना था वह कहा ही नहीं और जो कह दिया उसमें रस नहीं। लिखने का काम इसी असंमजस में होता है और मैं इसीलिए कभी भी प्रोत्साहित नहीं करता हूँ कि कोई इस असमंजस में पड़े। विधाता जिसको सहने के लिए चुनते हैं, केवल अपना ही नहीं दूसरों का दुःख भी, उसी के हाथ में कलम पकड़ाते हैं।

कोई गिला नहीं, कोई पछतावा नहीं

भेंटकर्ता : चन्द्रबली शास्त्री

? *कुछ साहित्यकार राजनीति या सत्तारूढ़ दल का पल्लू पकड़कर शासन के शीर्ष पदों को सुशोभित करते हैं। आपके जीवन में क्या यह अवसर नहीं आया ?*

साहित्यकारों को चाहिए कि वह किसी का पल्लू न पकड़ें। शासन को आवश्यकता हो तो वह साहित्यकार का पल्लू पकड़े। मैंने शासन से न तो कभी नजदीकी रिश्ता जोड़ा और न इसमें मेरी दिलचस्पी ही कभी रही। जनतांत्रिक शासन के सादर आमंत्रण पर ऐसा नहीं कि सेवा करने में पीछे रहा हूँ। उनकी समितियों में अपनी स्वतंत्रता और स्वाभिमान को सुरक्षित रखा इसलिए कभी-कभी लोग मेरे अकारण विरोधी भी हुए। भरसक मैंने किसी की मनमानी नहीं चलने दी। राजनीति में जाने का विचार मैंने स्वाधीनता प्राप्ति के बाद से ही त्याग दिया। उसके बाद लोहिया जी द्वारा एक-दो बार निमंत्रण मिलने पर आदर के साथ लोहिया जी से मिला और उनसे क्षमा माँगी। यह नहीं कि मेरी कोई राजनीति से घृणा थी। पर सत्ता की राजनीति में कभी कोई रुचि नहीं रखी। उनके विचारों और आदर्शों की प्रतिबद्धता तो स्वीकार करता हूँ पर दलों की दलीय राजनीति की नहीं।

? *आप पर ज्ञान, विचार, कृति और पद की ऊँचाई के दंभ का आरोप लगता है, ऐसा क्यों ?*

मैं व्यक्तिगत जीवन में भले निरपेक्ष न रहा होऊँ, लेकिन साहित्य जीवन में निरपेक्ष ही रहना चाहता हूँ। यह दूसरी बात है कि व्यक्तिगत जीवन की सापेक्षता का भाव लोगों को रास न आए तो इसमें उनका अधिकार बनता है कि इसे द्वैध भाव से लें। मेरे बारे में बस एक ही बात है—तुलसी की एक पंक्ति है—'तिन्ह कहें सुखद हास रस एहू।' मेरे लिए यही परितोष है कि उनको ऐसी चर्चा करने से कुछ

रस मिलता रहता है और उनकी जिंदगी आगे चलती रहती है। मेरे स्वभाव में नहीं है कि मैं किसी की शिकायत और आलोचना करूँ। मेरे बारे में अगर कुछ बातें होती हैं तो हुआ करें। इसका रंजोगम मुझे रंचमात्र भी नहीं।

? *रचनाकारों की खेमेबद्धता की विचारधारा विशेष साहित्य और समाज के लिए कितना उपयोगी है और कितना अनुपयोगी ?*

आज भी 'सिंहन के नहिं लेहड़े' साहित्यकारों के संदर्भ में यही समझे, उतना ही सच है जितना कबीर के समय में था, उसके पहले रहा होगा। *साहित्य के स्वभाव में नहीं है कि वह खेमा बनाए या किसी खेमे में शामिल हो। व्यक्तिगत स्तर पर मेरे संबंध खेमे में रहनेवालों से भी रहे। खेमे के बाहर भी रहे। उनका यथाशक्ति निर्वाह किया। यह जानते हुए कि खेमावाद शुभ नहीं है।* मैंने कभी खंडन-मंडन नहीं किया। इसका कारण मेरा भी दलीय भीतरी फक्कड़पन है। जहाँ कहीं भी अनाचार हो, उसके प्रति मैंने अपना स्वर समय-समय पर उठाया है। हाँ, व्यक्तियों के उखाड़-पछाड़ की मानसिकतावालों पर मुझे दया आती है। और साहित्य की परीक्षा में मैंने बार-बार कहा है और दोहरा रहा हूँ कि आगे आनेवाला समय करेगा। आज जो कोई परीक्षा करेगा उस परीक्षा का महत्त्व साहित्यकार पर भले पड़े; साहित्य पर उसका प्रभाव नहीं पड़ेगा। हो सकता है, साहित्यकार अपने जीवन में अनचीन्हा रह जाए पर उसके साहित्य में कुछ दम है तो पहचान उसकी रचना से हुए बिना नहीं रहेगी।

? *दलित साहित्य और साहित्यकार क्या कोई वर्ग या जाति-विशेष से आते हैं ? निराला से लेकर प्रेमचंद और अन्यान्य साहित्यकारों ने दलितों के संबंध में अपनी लेखनी चलायी पर उन्हें दलित साहित्य का सर्जक न मानकर जाति और वर्ग-विशेष के रचनाकारों को माना जाता है। क्या दलित को वर्ग और जाति-विशेष के चौखट में रखना सही है ?*

साहित्य और साहित्यकारों की कोई जाति नहीं होती। साहित्य के स्वभाव में है कि वह सामान्य से सामान्य की पीड़ा का साधारणीकरण करे। इसलिए वस्तुतः *साहित्य मात्र संवेदना प्रधान होने के कारण संवेदना की अपेक्षा रखनेवाले व्यक्ति-मात्र का होता है।* लोग कहना चाहें तो कह लें साहित्य मात्र ही दलित साहित्य होता है। दलित साहित्यकार होने के लिए दलित होना यदि आवश्यक है तो प्रतिबंध लगा देना चाहिए कि दूसरे लोग साहित्य न लिखें। मुश्किल तो यहाँ यह है कि कोई भी सत्ता कितना भी एकतंत्रीय क्यों न हो, ऐसा प्रतिबंध नहीं लगाया जा सकेगा। लिखना भीतर की विवशता से होता है। उसको अंतर्यामी ही समझ सकते हैं। एक दूसरी बात है कि पीड़ा केवल जाति-विषमताओं से नहीं उपजती। उसके दूसरे कारण भी होते हैं। उसका लेखा-जोखा लेना—बाहर का जो साहित्यकार होगा, उसे क्या गैर-दलित

साहित्यकार कहना उचित होगा ? संपादक के रूप में मेरे पास बहुत-से पत्र आए कि मेरी रचना इसलिए नहीं प्रकाशित कर रहे हैं कि मैं दलित हूँ। मैंने बार-बार उत्तर दिया है कि मैंने कभी साहित्यकार की जाति नहीं पूछी पर उसके आचार का मूल्यांकन उसकी कसौटी पर करूँगा, जाति की कसौटी पर नहीं। असह्य अनाचार के विरुद्ध यदि रचना में उबाल है और संप्रेषणीयता है तो मैंने उसको बराबर छापा है। इसलिए केवल समाज स्वीकृति के भय के कारण दलित साहित्य की अलग परीक्षा होनी चाहिए, यह बात मैं स्वीकार नहीं करूँगा। साथ ही अपने को अगर कोई दलित रूप में प्रतिष्ठित करना चाहता है तो उसको सम्मान देने में पीछे नहीं रहूँगा।

? *क्या आज के साहित्य-लेखन में संस्कार और संस्कृति के मूल्यों का चित्रण हो रहा है ?*

साहित्य-संस्कृति के चित्रण में साहित्य और संस्कृति ओत-प्रोत होती है। *साहित्य एक प्रकार से अपने-आप में संस्कृति है। अलग से संस्कृति आरोपित नहीं। रचना के भीतर सांस्कृतिक लक्ष्य चिंतन की जितनी उदग्रता और बेचैनी होगी, उस बेचैनी को भाषा देने की भीतरी विवशता से, उसी अनुपात में उसके साहित्य में संस्कार करने की क्षमता होगी।* आज के साहित्य के बारे में आपने पूछा तो उन तमाम रचनाओं को बाहर करके बात करें जो सतही तौर पर उनका साहित्य जाना जाता है। उनमें संस्कार बचा हो न हो, कोई फर्क नहीं पड़ता। कुछ भी हित-अहित नहीं होता। आज भी जो सही साहित्य लिखा जा रहा है, चाहे विधि रूप से हो या निषेध रूप से हो, ऐसा मंथन हो रहा है जो अस्मिता को पहचानने के लिए है। आत्मिक मंथन हो रहा है। और यह निश्चित ही चित्त का संस्कार करेगा। मैं यहाँ फिर से दोहराना चाहता हूँ कि साहित्य संस्कृति का अनुगमन नहीं। भारतीय जीवन-मूल्यों को गिनाने और उन पर बल देने मात्र से साहित्य नहीं बनता। उनको अपने अनुभव में तपकर और तपाकर जब साहित्य रचा जाएगा तभी सच्चा जीवन-मूल्य उतरेगा। अकेले साहित्य से किसी संकट को टाला नहीं जा सकता। इसके लिए जातीय संकल्प की आवश्यकता है। जातीय संकल्प पैदा करने के लिए जिस प्रकार के अभियान की आवश्यकता है वह साहित्य-रचना के द्वारा नहीं होगा। उसके लिए त्याग, तपस्या और सुविचारित कार्यक्रम होना चाहिए। यहाँ 'स्वाध्याय' अभियान के प्रति एक उदाहरण दे सकता हूँ। इस अभियान में गुजरात और महाराष्ट्र विशेष कार्य करके दिखा चुके हैं। और शुद्ध समर्पण भाव से बिना सरकार से सहायता लिए मनुष्य का उत्थान कैसे किया जा सकता है, दिखा दिया है।

? *कहीं ऐसा तो नहीं कि वर्तमान लेखन बाजार और उपभोक्तावाद का पोषक हो गया है ?*

मेरी समझ में ऐसी बात नहीं है कि सारा लेखन बाजारीकरण का शिकार हुआ है। बाजारीकरण का एक प्रकार से प्रतिरोध भर उत्तेजना पैदा हुई है, उस रूप में पड़ा है। ऐसी उत्तेजना कभी-कभी साहित्यकार के भीतर अतिरिक्त सजगता पैदा करती है। साहित्य के प्रसार के ऊपर उपभोक्तावाद और अपसंस्कृति का प्रभाव पड़ा है। इसके कारण कभी-कभी रचनाकार लेखन से उदास हो जाता है। कभी-कभी वह सुझावों की दासता में पड़कर अपने 'स्व' को बंधक रखने को तैयार हो जाता है। पर यदि वह साहित्यकार है तो उसे ग्लानि भी कम नहीं होती। यह ग्लानि ही अच्छी रचना का बीज बनती है। व्यक्तिगत रूप से मैं इससे नहीं घबराता। मैं भीतर अनुभव करता हूँ कि मैं कितना अपना क्यों न होऊँ, मुझे अपने गुरुओं की यह विरासत प्राप्त है कि हम किसी के मनसबदार नहीं। हम अपने शाहंशाह है। यह भाव अपने आप इन दुष्प्रभावों को निखार देता है। मुझे लगता है कि यदि हम यह कठिन संकल्प लें तो मीडिया को अपने रास्ते पर ला सकते हैं। आज नहीं तो कल।

? *आपने अपनी प्रथम श्रेष्ठ कृति 'छितवन की छाँह' में लिखा है—वैदिक सूक्तों के गरिमामय उद्गम से लेकर लोकगीतों के महासागर तक जिस अविच्छिन्न धारा की उपलब्धि होती है उस भारतीय भावधारा का मैं स्नातक हूँ। यदि मैं कहूँ कि आप उस भारतीय भावधारा के आचार्य हैं तो इस पर आपके क्या कथन हैं?*

मैं जब भारतीय भावधारा का स्नातक कहता हूँ तो शुद्ध हृदय से स्नातक बना रहता हूँ। स्नातक के सुख की कीमत पर पीठासीन होने का महत्त्व नहीं मोल लेना चाहता। आचार्य कहलाने में मुझे जाने कैसा लगता है, जैसे कि मैं उच्छलता के अधिकार से वंचित कर दिया गया हूँ। रचनाकार बने रहने के लिए आवश्यकता है कि आचार्य नहीं। आचार्यों का सेवक भले होऊँ।

? *क्या इस समय भारतीयता को प्रदूषित करनेवाले लेखन का बाहुल्य दिखाई देता है तो किस रूप में?*

लेखन से भारतीयता प्रदूषित नहीं होती। चाहे कैसा भी लेखक हो। भारतीयता प्रदूषित होगी आचरण गलत ढंग से लानेवालों से, लेखन आचरण का स्थान नहीं ले सकता। लेखन का प्रभाव आचरण पर अप्रत्यक्ष रूप से पड़ता है। वस्तुतः प्रदूषण आचरण को प्रभावित करता है।

? *साहित्य की निबंध विधा, जिसके आप प्रमुख सर्जक हैं। क्या आपके बाद कुछेक नामों को छोड़कर अपेक्षित विकास हो रहा है? कहीं ऐसा तो नहीं, निबंध-लेखन के अभाव में यह विधा दम तोड़ती नजर आ रही है?*

ऐसी बात बहुत समय से लोग कह रहे हैं कि निबंध विधा मृतप्राय हो रही है। पहले भी निबंध बहुत कम लोग लिखते थे। इसके लेखन के लिए जो मानसिक तैयारी होनी चाहिए, वह बहुत कम लोगों में होती है। हम लोग अपने 'स्व' को विकसित करना चाहते हैं और कितनी स्मृतियों को सँजोकर उसे प्रतिपादित करना चाहते हैं। वैसे पहले भी इस विधा में कम लोग थे। रही दम तोड़नेवाली बात। मैं समझता हूँ कि यह गलत है। नये-नये हस्ताक्षर उभर रहे हैं। एक दिन में कोई निबंधकार नहीं होता है। न थोड़े ही समय में कोई लेखक बन जाता है। पहली रचना कुछ कच्ची होती है। उसी अनुपात में जिस अनुपात में उसका कच्चापन है। उसकी ताजगी अलग होती है। कुछ अच्छे रचनाकार हैं, वे बहुत अच्छे निबंधकार हैं।

? *आज का लेखक लोक-जीवन के ग्रामीण परिवेश से कटता जा रहा है। इसके कौन-से कारण हो सकते हैं?*

लेखक जब ग्रामीण परिवेश से कटता है तो कुछ हद तक लेखन से भी कटेगा। यह लेखक की सोच की मात्रा पर निर्भर करता है। लेकिन इसके बावजूद ग्रामीण परिवेश से जो लोग आए हुए हैं उसकी कोई-न-कोई बातें उसके पूर्व हो चुकी हैं। तब उनकी नजर में उसकी प्रतिध्यान आ जाती है।

? *लोकगीतों के महासागर से निकली जो धारा भारतीय परिवेश को रससिक्त करती थी और हमारे साहित्य के रचना-विधान पर भी उसके भरपूर छींटे पड़े, आज उसका पूरा का पूरा अभाव दिखाई देता है, ऐसा क्यों?*

यह बात सही है कि लोक-जीवन से गीत और लोक-कथा लुप्त होते दिखाई दे रहे हैं। ऐसा नहीं कि संस्कारवाले लोग समाप्त हो गए हैं। जिनमें लोक के प्रति दर्द है उसे चरितार्थ करनेवाले लोग आज भी हैं। ऐसा होता है कि कभी-कभी मूल्य कुछ समय के लिए बिसराए जाते हैं पर यह सदा के लिए हो ऐसी बात नहीं है।

? *आपके निबंध 'मेरी रूमाल खो गई', और 'मैंने सिल पहुँचाई' क्या आपके जीवन की सत्य बात हैं?*

कुछ बातें तो जरूर रहती हैं जो रचना का आधार बनती हैं। पूरी की पूरी बात जो निबंध-रचना में आती है वह किसी-न-किसी घटना पर आधारित हो। बात नहीं कोई बात पर एक आधार-बिंदु बनती है। उसी पर कल्पना-लोक की बातें आ जाती हैं। वह लोक-जीवन की संवेदना को छूती हुई मूल्यों से सिक्त हो।

? *'आत्म-व्यंजक', 'व्यक्ति-व्यंजक' और 'ललित निबंध' क्या हैं?*

मैंने कितनी बार कहा है कि मैं ललित निबंधकार नहीं हूँ। व्यक्ति-व्यंजक

निबंधकार हूँ। ललित का अर्थ सुंदर या मनोहर कल्पना है। मनोहर कल्पना पर आधारित रचना व्यक्ति-व्यंजक निबंध का उत्पादन हो सकती है पर व्यक्ति-व्यंजक निबंध नहीं। व्यक्ति-व्यंजक में व्यापकता है।

? *श्रेष्ठ साहित्यकार के साथ आप मूल्यों के एक प्रमुख पत्रकार भी हैं। क्या आज की पत्रकारिता मूल्यों की अपेक्षित रक्षा कर रही है ?*

हाँ भी, नहीं भी। अच्छे पत्रों की अपनी एक मर्यादा है। वे अपने मूल्यों का निर्वाह करते हैं। कुल मिलाकर पत्रकारिता अवमूल्यन के मार्ग पर है, ऐसा कहा जा सकता है। फिर भी आज पत्रकारिता इतनी जटिल और संश्लिष्ट है कि कुछ कहा नहीं जा सकता। 1942 में एक मूल्य था कि हमें स्वाधीन होना है। स्वाधीनता से दूसरे मूल्य छोटे थे। आज वे मूल्य नहीं हैं, आज पत्रकारिता के मूल्यों को समवेत रूप में देखने की आवश्यकता है।

? *आपके संपादकत्व में प्रकाशित 'साहित्य-अमृत' मासिक रचनाकारों और पाठकों की चहेती बनी हुई है। इसके माध्यम से आप राष्ट्रभाषा का कौन-सा हित करना चाहते हैं ?*

इसके संपादन में मेरा कोई प्रयोजन हो, यह बात नहीं। इसका संपादन मैं इसलिए कर रहा हूँ कि यह मेरा व्यसन है, हर आदमी की कुछ-न-कुछ आदत होती है। ऐसे मेरी आदत में यही सुधार है। इसके द्वारा मैं कोई बड़ा काम नहीं कर रहा हूँ, केवल अपने भीतर के लेखक की तलब को पूरा कर रहा हूँ। कैसे सबको जोड़ें और कैसे जोड़ते समय तोड़नेवालों को चुनौती दें, बिना तोड़े सबको जोड़ दें।

अज्ञेय जैसा साझीदार कोई नहीं

भेंटकर्ता : सुनीता जैन

? *मैंने आपको जितना जाना उसके भरोसे कह सकती हूँ कि साहित्य में जितनी आपसी दूरियाँ पिछले 15-20 वर्षों से हैं वे आपको कष्ट देती हैं। आपने अपने व्यक्तिगत स्तर पर इन दूरियों को पाटने का जो यत्न निरंतर किया है उसमें आप कहाँ तक सफल रहे हैं ? ये दूरियाँ क्या कम होने को हैं ?*

साहित्य में दूरियाँ उतनी नहीं हैं जितनी साहित्यकारों के बीच में आ गयी हैं। और यह स्थिति भी दुःखद है। मैं इस संबंध में पहले तो बहुत यत्न करता था पर अब यत्न करना छोड़ दिया है उसका कारण यह है कि मैं देखता हूँ कि साहित्यकारों की ये दूरियाँ साहित्य को कठघरों में विभक्त करती चली जा रही हैं और मानवीय संबंधों में निर्वाह यों भी कठिन है। यदि मैं दूरी रचनेवाले साहित्यकारों को नजदीक लाने का और दूरी कम करने की बात करूँ तो यह बात मानी नहीं जाएगी। इसलिए इस संबंध में मौन रहना अधिक श्रेयस्कर है। साहित्य में अपने आप एक ऊर्जा है जो उसे आगे ले जाती है। मैं उसी पर विश्वास करना चाहता हूँ।

? *आपके द्वारा अनगिनत पुरस्कारों का निर्णय हुआ है। इन पुरस्कारों की क्या कुछ सार्थकता है ?*

सम्मान का मापदंड न तो पुरस्कार है न समकालीन समीक्षा। यदि मेरे साहित्य में या किसी के साहित्य में गूँज बनने की क्षमता होगी या मनुष्य को झंकृत करनेवाले विशेष स्तर देने की क्षमता होगी तो आगे कई पीढ़ियों तक सम्मान और प्रतिष्ठा मिलेगी क्योंकि वही साहित्य आगे के साहित्य को उकसायेगा।

? *अज्ञेय जी आपके सबसे अधिक निकट थे। उनके जाने के उपरांत मैंने आपको*

लगभग दो वर्ष तक मौन देखा। उनकी क्षतिपूर्ति क्या आपके कुछ निकट मित्रों द्वारा हो पायी है ?

कोई भी बंधु जाता है तो उसकी क्षतिपूर्ति होती नहीं। रही बात भाई कि वे मेरी साहित्य यात्रा के सबसे अधिक साझीदार थे। पुस्तक पढ़ना, पढ़कर मुझे देना या मैंने कोई पुस्तक पढ़ी और उसकी चर्चा की तो उसे फिर से पढ़ना, साहित्य के बारे में उन्मुक्त भाव से चर्चा करना और अपनी प्रतिक्रियाओं को एक दूसरे से बाँटना हमारे बीच हमेशा होता। साहित्य और जीवन के संबंधों को लेकर यात्राओं में ऐसी चर्चा करना जिसमें पेड़-पौधे तक शरीक हो जाते थे और सबसे अधिक जब हम मौन हो जाते थे तो मन का मौन भी उसमें शरीक हो जाता था। यह जो पूछा है मेरे साझीदार कौन हैं ? मेरे निकट कौन हैं ? विश्वास है अज्ञेय जैसा साझीदार कोई भी नहीं है। जो थोड़े से सहज मित्र हैं उनसे मिलने का उतना समय तो नहीं मिलता पर जब-जब मिलता है तो प्रीतिकर लगता है। गोविंदचंद्र पांडेय, कृष्णचंद्र शर्मा 'भिक्खु', श्रीलाल शुक्ल, रघुवंश जैसे मित्र ऐसे हैं जिनसे बराबरी के स्तर पर मेरी बातचीत होती है तो जैसे जेठ की भयंकर गर्मी में सुबह-सुबह एक ठंडी हवा का झोंका आ जाए ऐसा लगता है। इसके अलावा और ऐसे अनेक स्नेह पात्र हैं, सहमते-सहमते जो प्रश्न पूछना चाहते हैं। ये प्रश्न अगर मेरी पीढ़ी के प्रश्न से अलग हैं तो भी सार्थक हैं। ये प्रश्न ही मेरे आगे के साहित्य में उत्तर बनेंगे।

? *महिलाओं की जो आदर और उदारता मैंने आप में पायी है वह आज विरल है। मैंने आपको कभी किसी की निंदा करते नहीं सुना। आपका वह कौन-सा गुण है जो अपात्र के प्रति भी आपके मन को निर्मल रखता है ? यह गुण आपने कहाँ से सीखा ?*

यह गुण मैंने अपनी माँ से सीखा। मेरी माँ बड़ी उदार थीं। और दयालु भी। उनका स्नेह रूप ऐसा था कि वे किसी के भी खिलाफ कुछ नहीं बोलती थीं। उनका क्रोध यदि कभी होता तो वह शीतल होता था। मैंने यह उदारता भाई अज्ञेय से भी पायी। उनका स्वभाव नहीं बदला। उनकी बड़ी बहन सत्यवती देवी का था जो उनके लिए माँ तुल्य थीं। तीसरा कारण भी यह मातृशक्ति ही है। मैं मातृशक्ति की थोड़ी-बहुत उपासना करता हूँ। मुझे लगता है कि हर स्त्री में किसी न किसी रूप में मातृशक्ति रहती है मैं उसका तिरस्कार नहीं करता हूँ। एक स्त्री की निंदा करना और वह भी बिना प्रकरण के पुरुष के लिए शर्म की बात है।

? *जिस मातृशक्ति को आप इतना सम्मान दे रहे हैं आज माना जा रहा है वह तो आधी दुनिया है जो सिर्फ परछाईं है ?*

मेरा तर्क यही है कि मातृशक्ति तो पूरी दुनिया है वह अपने को व्यक्त और

अव्यक्त रूप में विभक्त करती है तो पुरुष को इस संपूर्णता को समझने के लिए।

? *मुझे सदा यह प्रतीत होता रहा है कि आपको जिन कारणों से अथाह सम्मान मिला है उन्हें शायद आप बड़ा नहीं मानते। जिन्हें आप अपना सबसे मूल्यवान पक्ष मानते हैं वह कहीं अनचीन्हा रह गया है। अगर यह प्रश्न बहुत व्यक्तिगत न हो तो इस पर कुछ प्रकाश डालें ?*

सम्मान को मैं बहुत कीमती चीज नहीं मानता हूँ। सम्मान से बचना भी चाहता हूँ। मुझे इसकी शिकायत नहीं है कि मैं अचीन्हा रह गया हूँ। मुझे इसका तनिक भी मलाल नहीं है कि आलोचकों का एक पूरा समूह है जिसमें मेरे घनिष्ठ मित्र भी शामिल हैं मुझे अनदेखा करना चाहते हैं। परंतु मैं उनके अनदेखे करने के स्वभाव को इस तरह लेता हूँ कि यदि उनको इससे तृप्ति मिलती है तो मेरा क्या जाता है। मैं हमेशा दोहराता हूँ कि साहित्य का मूल्यांकन सही रूप में रचनाकार के जाने के 50 वर्ष बाद होता है। जब सब चीजें थिरा जाती हैं पानी अपनी सतह पर आ जाता है। उस मूल्यांकन का मैं साथी रहूँगा नहीं। साहित्यकार के रूप में जीना तो अचीन्हे ही जीना है। और इस रूप में जीने का एक अलग आस्वाद है। ऐसे चीन्हे जाने का क्या रस जो दूसरे क्षण अनमनेपन में बदल जाता है और तीसरे क्षण शत्रुता में परिवर्तित हो जाता है। कभी-कभी कृतघ्नता में। मैंने ऐसा इसलिए कहा कि मैं ऐसे लोगों को जानता हूँ और यह सोचकर मन ही मन हँसता हूँ कि उस अचीन्हने के पीछे कैसा-कैसा क्या कुछ पहले पका होगा और अचीन्हने का परिणाम न आता देख कैसी-कैसी खीझ उनको होती होगी।

परिवर्तन और निरंतरता के साथ

भेंटकर्ता : नर्मदा प्रसाद उपाध्याय

[?] *आप धर्म, दर्शन, तंत्र, भाषा शास्त्र, लोक साहित्य और ज्योतिष के साथ-साथ ललित कलाओं के भी गहरे अध्येता हैं, आपके निबंधों में दूसरे निबंधकारों से अलग एक समग्र दृष्टि की झलक मिलती है। यह झलक एक अनुशासन से दूसरे अनुशासन में झाँकने का परिणाम है। ऐसी अंतर्अनुशासिक दृष्टि जो शायद राय कृष्णदास जी और द्विवेदी जी के बाद केवल आप में दीख पड़ती है, क्या कारण है कि अब ऐसी दृष्टि विरल है ? क्या इसका कारण परिश्रम की कमी और तात्कालिक प्रतिफल प्राप्त करने की लालसा है या कथित पाश्चात्य मूल्यों के प्रति ऐसा व्यामोह जो हमारी परंपरागत विरासत से हमें कटे रहने को विवश करता है ?*

पहली बात तो यह है कि मैं ऐसा विशिष्ट नहीं हूँ। जैसाकि आप समझते हैं। अपनी परंपरा को समझने की नियति रही है मेरी। मैं अभी युवा ही था कि विदेश गया वह भी अमरीका। वहाँ हर दृष्टि से भिन्न परिवेश, भिन्न संस्कृति, भिन्न विचारों से टकराव हुआ। संवाद हुआ। और वहीं मैंने आधुनिक हिंदी कविता का अनुवाद पढ़ाना शुरू किया तो अनुवाद करने की आवश्यकता प्रतीत हुई। वह अनुवाद वहाँ के कवि मित्रों के सहयोग से स्वतंत्र काव्यांतर बन गया। उस प्रक्रिया में मुझे वहाँ की भाषा की धुनों, उसके मुहावरों, उसके सोचने के साँचों को समझने का मौका मिला और अपने साँचों को उन तक पहुँचाने का मौका मिला। मेरा अनुभव यही था कि हमारा एक-दूसरे की संस्कृति में घुलना आसान होता है पर वह वांछनीय नहीं होता। क्योंकि घुलने की प्रक्रिया में अधिकतर दोष ही ऊपर आते हैं। जैसे दो नदियाँ जो एक-दूसरे को टक्कर मारती हैं तो दोनों के फेन एक-दूसरे को पहले मिलते हैं। पानी की गहराई की स्वच्छता का मिलना होता भी है तो संलक्ष्य नहीं

होता। समन्वय के नाम पर जो संस्कृतियों के मिलन की बात सोचते हैं वे सतही विचार रखते हैं। संस्कृति किसी देशकाल, किसी परिवेश से जुड़ी होती है और व्यक्ति उसके संस्कार से गहरे चेतन में जुड़ा होता है। उसे प्रत्यारोपित तो किया जा सकता है पर अधिकतर संभावना यही रहती है कि प्रत्यारोपण में मूल गुणवत्ता चली जाएगी। जैसे एक क्षेत्र के धान के बीज दूसरे क्षेत्र में रोपे तो पहले क्षेत्र के धान की गंध उसमें नहीं आएगी और न स्वाद आएगा। मनुष्य की आकांक्षा होती है विजातीय से भी संवाद स्थापित करने की। वह संवाद एक-दूसरे को समझने में भी मदद देता है। मेरे साथ ऐसा ही हुआ। अमेरिकी संस्कृति को गहराई में देखा। उसकी स्वावलंबिता, अध्यवसायशीलता, खुलापन और खुलेपन में भी कहीं आत्मनियंत्रण यह सब मैंने देखा। इसके साथ वही अनावश्यक हड़बड़ी देखी। व्यक्ति के व्यक्तित्व को अपने आपमें स्वायत्त मानने की जिद देखी। और जिद के कारण तरह-तरह के विखंडन और तरह-तरह के तनाव देखे। इसका लाभ यह हुआ कि अपनी संस्कृति में मेरी आस्था और दृढ़ हुई।

यह मानना कि मैं स्व. राय कृष्णदास और हजारी प्रसाद द्विवेदी की कड़ी हूँ मेरे लिए बड़बोलापन होगा। केवल इतना कह सकता हूँ कि उन्होंने कैसे अपना मार्ग बनाया उसे देखने का मौका मिला। उसका लाभ मुझे मिला। पर उनका मार्ग मेरा मार्ग नहीं। बहुत-सी समान भूमियाँ हैं तो बहुत-सी असमान। बहुत से लोग इस पर ध्यान नहीं देते और एक ही डंडे से सबको हाँकते हैं।

? *आपके सोच के संबंध में भले कुछ लोग यह कहते रहें कि आप प्रतिगामी हैं लेकिन 'छितवन की छाँह' की भूमिका में, विभिन्न अवसरों पर दिए गए व्याख्यानों में और 'भारतीय चिंतन धारा', 'सनातन की खोज' जैसी पुस्तकों में संगृहीत निबंधों से बखूबी जाहिर हो जाता है कि आप भी अपने समय से उतने ही जुड़े हैं, जितना कि कोई अन्य प्रगतिशील। तो क्या आस्था, प्रगतिशीलता के विरोध में कहीं खड़ी है ? क्या ईश्वर के अस्तित्व के प्रति अडिग विश्वास हमारे विकास में बाधक है ? आप प्रगतिशीलता को किन अर्थों में लेते हैं ? क्या प्रगतिशीलता का एकमात्र मानक मार्क्सवाद है ?*

'प्रगतिशील' शब्द अब रूढ़ि बन गया है। उस अर्थ में भगवान करे मैं प्रगतिशील न बनूँ। यह प्रगतिशीलता कहीं शून्य से शुरू होती है। बहुत कुछ विच्छिन्न होकर शुरू होती है। मैं परिवर्तन और निरंतरता को साथ लेकर चलनेवाला रहा हूँ। मेरे बारे में लोग जो भी विचार रखते हैं उनके विचारों के बारे में वे न जाने क्यों रखते हैं ?

मैं कभी सोचता भी नहीं इन बँधे-बँधाए (अपने को प्रतिबद्ध कहने वाले) लोगों के विचार क्या हैं। मैं लेखक रूप में अवश्य चिंता करता हूँ कि असंख्य अनाम पाठक

जो मुझे पढ़ते हैं वे किस अनुपात में यह अनुभव करते हैं कि यह लेखक मेरी बात कह रहा है। उसी को मैं रचनात्मक संप्रेषण का असली पैमाना मानता हूँ। मेरा लेखन शैली की दृष्टि से, विचार की परिपक्वता की दृष्टि से कुछ-न-कुछ बदलता रहा है। पर कहीं-न-कहीं अवचेतन में कोई संस्कार है इसके नाते इन विचारों में अन्विति है। वह शायद हमारी संस्कृति की समग्र चिंतनशीलता है। यह मुख्य कारण है।

? *क्या आप नहीं मानते कि हिंदी साहित्य के वर्तमान परिदृश्य में रचनाधर्मिता के प्रति विश्वास कम हुआ है और वह अपनी दिशा बदल कर विभिन्न शिविरों में बँट गया है। यदि ऐसा हुआ है तो क्यों ? विश्वसनीयता के इस संकट के संबंध में कृपया अपना दृष्टिकोण स्पष्ट करें।*

मैं नहीं समझता कि रचनाधर्मिता के प्रति विश्वास कम हुआ है। यह जरूर है कि परोक्ष साधनों से, अधिक प्रसार के कारणों से प्रत्यक्ष संप्रेषण के अवसर कम हुए हैं। इसलिए लेखक और पाठक के बीच आत्मीय संवाद कम हो गया है। इस नाते न लेखक को पता है न पाठक को पता है कि कौन उसे अपना रहा है। रचनाधर्मिता रचनाकार के बावजूद होती है। रचना का प्रभाव भी भावक के बावजूद होता है। जैसे लिखने की विवशता होती है वैसे ही पढ़कर, सुनकर या देखकर उसमें खोने की भी विवशता रहती है। ऐसे विवशता के क्षण ही मनुष्य के चित्त को दूसरे चित्त से जुड़ने के लिए प्रवण बनाते हैं। यह प्रवणता अभी भी दिखाई पड़ जाती है इसमें संदेह नहीं। नहीं तो लिखने का प्रयोजन ही क्या रहता। आस्था केवल अपनी रचनाधर्मिता में नहीं होती। विश्वास पाठक द्वारा रचना की ग्राहकता का भी होता है। यह विश्वास है इसलिए लिखा जा रहा है।

? *इन दिनों फ्रेंच दार्शनिक देरिदा के विखंडनवाद की बड़ी चर्चा है। देरिदा ने दिल्ली में कहा कि ईश्वर मर गया, मनुष्य मर गया, भाषा मर गई। यदि भाषा मर जाए तो फिर साहित्य की सर्जनात्मकता का क्या आधार होगा ? यदि देरिदा का वक्तव्य उचित नहीं है तो क्या भारतीय परंपरा में जिसे भाषातीत होना कहा जाता है वह क्या है ? भाषा की मृत्यु और भाषातीत होने में क्या अंतर है ?*

देरिदा ने क्या कहा, कहाँ कहा इससे मैं चमत्कृत नहीं होता। कल कोई दूसरा आदमी आएगा देरिदा को काटेगा और चमत्कृत करनेवाली बात कहेगा। और ये चोंचले तो एक तरह से बुद्धिविलास हैं। गहराई तक ये छूते नहीं। संरचनावाद के अतिरेक का फल है विखंडनवाद। हम जैव अखंडता के आयाम में वस्तुओं को एक-दूसरे को नियत रूप से संबद्ध देखने के अभ्यस्त हैं। वहाँ न कोई स्वायत्त संरचना हो सकती है न विखंडन। वहाँ बीज से वृक्ष हो सकता है लेकिन वृक्ष बीज में निहित

वृक्ष से कुछ अलग भी जा सकता है। और फिर वृक्ष भी नया बीज बन सकता है। और नए बीज से नया वृक्ष भी। वह बीज पहले बीज से भिन्न भी होगा और वह पहचान भी नहीं खोएगी कि यह वही वृक्ष है। जैसे एक वृक्ष से दूसरा वृक्ष जन्म लेता है तो कहीं-न-कहीं कुछ विशेष उत्पन्न हो जाता है। न बीज स्वायत्त होता है न वृक्ष। हवा, पानी, प्यास, धूप और छाया के सुखद या दुःखद अनुपात से कुछ-न-कुछ आकार बदलते रहते हैं। इसलिए देरिदा का हौवा या उत्तर-आधुनिकता का हौवा ऐसा ही लगता है कि किसी बावले गाँव में ऊँट आया हो और चारों ओर 'ऊँट आया, ऊँट आया' की पुकार मच गई इसका अर्थ यह नहीं कि हम देरिदा से अपरिचित रहें या देरिदा के खंडन के लिए प्रतिबद्ध हो जाएँ। उसे जानकर, पढ़कर तटस्थ भी हो सकते हैं। यह विकल्प भी उतना ही सजग बौद्धिक विकल्प है जितना देरिदा को पढ़ना और उसके अनुसार बातें करने लग जाना। वह आधुनिकता अभिशप्त है जो विकल्पों की छूट नहीं देती।

? *आपने एकाध वर्ष पहले बनारस में एस्थेक्टिस पर बड़ा मौलिक वक्तव्य दिया था जिसकी बड़ी चर्चा रही, फिर भारत कला भवन की अंतर्राष्ट्रीय संगोष्ठी में आप लघुचित्रों के सौंदर्यबोध पर भी बोले, 'तंत्र, कला और आस्वाद' नाम की आपकी पुस्तक में भी आपने भारतीय सौंदर्य दृष्टि का खजुराहो के संदर्भ में विशद विवेचन किया है, इन सबका यही सार है कि भारतीय परंपरा में सौंदर्यबोध की व्याप्ति उसी तरह है जैसे गुलाब में सुगंध। यह बोध अंतर से आता है, उसमें बाह्य आरोपण हो नहीं सकता। आपकी यह दृष्टि कलावाद के इस आधुनिक बोध से किस स्तर पर भिन्न है कि जो दृश्य है उसे अदृश्य में बदल दो तो कला की सही अवधारणा मूर्त होती है ? क्या न्यूड पेंटिंग्स कला के सच्चे भाव बोध का प्रतिनिधित्व करती है ? आपकी सौंदर्य दृष्टि क्या है और किस धरातल पर आप मार्क्सवादी सौंदर्य दृष्टि से असहमत हैं ?*

मैं न तो कला चिंतक हूँ और न कलाकार। लेकिन कला का साहित्य से संबंध है इसलिए कला को समझना चाहता हूँ। मुझे ऐसा लगता है कला हो, साहित्य हो, संगीत हो सबमें कुछ-न-कुछ स्वयं को, अपने निज को विसर्जित करना पहली शर्त है। साथ-ही-साथ इस विसर्जन का अर्थ यह नहीं है कि अनुभव छूट जाए। अनुभव करनेवाला भले ही छूट जाए। अनुभव विसर्जन के क्षण में रूपांतरित हो जाता है और सही कहें तो परिशोधित हो जाता है। शुद्ध सत्त्व बनकर रह जाता है। भारतीय कला दृष्टि जिस नवीनता की बात करती है वह न वस्तु में होती है न वस्तु की बाहरी प्रसुति में होती है। वह नूतनता प्रसुति की उस सघनता में होती है जिसमें कलाकार व्यक्ति के रूप में गायब हो जाता है।

? *डॉ. आनंद कुमार स्वामी के 'डांस ऑफ शिवा' के निबंधों में कला के जिस प्रवाह की बात कही गई है क्या वह दृष्टि आज भी प्रासंगिक है ?*

आनंद कुमार स्वामी पश्चिम की दृष्टि से भले ही मध्ययुगीन विचारधारा की प्रतिगामिता के प्रतीक माने जाते हों पर आज के बदलते हुए विश्व में वे प्रकाश स्तंभ के रूप में दिखते हैं जो कोशिश कर रहे हैं ऐसा सेतु बनाने की जिसमें केवल इस पार से उस पार पहुँचना नहीं होता है उस पार से इस पार आने की बात भी सन्निविष्ट होती है। निरंतर आदान-प्रदान की प्रक्रिया चलती रहती है।

? *आपके पास गहरी आलोचना दृष्टि है, धूमिल की कविताओं पर, 'लोकप्रिय कवि अज्ञेय' पर तथा रीति विज्ञान पर आपकी आलोचनात्मक टिप्पणियाँ खासी चर्चित रही हैं। आप समकालीन लेखन पर कम लिखते हैं, मानते हैं कि आज के साहित्य का परीक्षक आज और कल नहीं है, शायद वह परसों हो। यह कसौटी कैसे उचित कही जाएगी, आज के लेखन पर जो प्रतिक्रिया आज होगी क्या वह प्रासंगिक नहीं होगी ?*

आपकी बात अंशतः सच है। मेरी दृष्टि में साहित्य नया पुराना नहीं होता। मैंने मध्ययुगीन साहित्य पर लिखा है तो आधुनिक साहित्य पर भी लिखा है। आधुनिक हिंदी कविता का तो मैंने काव्यांतर ही प्रस्तुत किया। मैंने अज्ञेय, शमशेर, केदारनाथ अग्रवाल, नागार्जुन, मुक्तिबोध, केदारनाथ सिंह, धूमिल और उससे भी आगे के कवियों पर बीच-बीच में बहुत कुछ लिखा है। प्राचीन साहित्य और मध्ययुगीन साहित्य पर मैंने इसलिए भी लिखा है कि लोग साहित्य को खंडित करके देख रहे हैं जबकि साहित्य साहित्य में लिखा जा रहा है। साहित्य गूँजों की शृंखला है। शून्य में भटकी हुई गूँज नहीं है। इस बात को किसी-न-किसी को रेखांकित करना चाहिए। और मैंने समसामयिक साहित्यकारों को संबोधित और समग्रता की ओर अभिमुख करने के लिए ही ऐसा किया है।

? *भोजपुरी, अवधी और मैथिली से लेकर निमाड़ी तक की लोकभाषाओं के आप मर्मज्ञ विद्वान तथा अध्येता हैं। लोक साहित्य के क्षेत्र में आपका मौलिक अवदान रहा है। यूरोप में सन् 1774 में जे. जी. हर्डर ने फॉकस्लाईड (फॉक सांग) का प्रचलन किया। उनका यह मानना था कि पुनर्जागरण के बाद के विश्व में पुरानी कविता का नैतिक प्रभाव लोकगीत में सुरक्षित है। लगभग इसी तरह की स्थापना ग्रीम की भी रही। यदि हमारे लोक साहित्य के संबंध में विचार करें तो लगेगा कि बात कहीं आगे है, गदर के महानायक बाबू कुँअरसिंह से संबंधित अनेकों लोकगीत भोजपुरी क्षेत्र में मिले हैं। गाँधी पर भी लोकगीत रचे गए। तो क्या हमारा लोकगीत, अपने सामयिक संदर्भों से सदैव जुड़ा रहा*

है ? यदि ऐसा है तो फिर क्यों पिछले पचास वर्षों में ऐसे लोकगीत नहीं मिल पा रहे हैं ? क्या कारण है कि पं. कृष्णदेव उपाध्याय के समय से संकलन के स्तर का जो कार्य होता रहा है, वही कार्य आज भी हो रहा है, लोकगीत, लोककथाएँ खोजकर सिर्फ संकलित की जा रही हैं ? क्या कारण है कि हर्डर ने जिस अवधारणा को खोजा था, उससे कहीं व्यापक अवधारणा भारतीय लोकमानस की रही लेकिन आज के पदिदृश्य में जाने किस कुहासे में वह खो गई ? ऐसा क्यों ?

लोक संस्कृति या लोक साहित्य मेरे अध्ययन का नहीं जीवन का विषय है। मैंने अपनी माँ से जो सीखा है उसे मैं संग्रह की वस्तु या अलमारी में सजाने की वस्तु नहीं मानता। उसे मैं जीवन का प्रेरणा स्रोत मानता हूँ। मैं तो यही मानता हूँ कि लोक का हमने फॉक मानकर बड़ी भूल की है। हमारी प्रवृत्ति संग्रह के निर्मम विश्लेषण या संरक्षण की हो गई है। उसे जीवन के रस के रूप में स्वीकार करने की प्रवृत्ति कम हो गई है। फॉक के अध्येता प्रायः नृत्तत्व वैज्ञानिक या समाज वैज्ञानिक हैं। इनमें से अधिकांश लोग लोक संस्कृति के राग-बोध से अछूते हैं। इसलिए उनमें कार्य का पुस्तकीय महत्त्व तो है पर गहरा सांस्कृतिक महत्त्व नहीं है।

? *आप तत्कालीन विन्ध्यप्रदेश में सूचना विभाग के प्रमुख रहे इस नाते आप प्रशासन से सीधे जुड़े रहे, प्रशासनिक सेवा के अधिकारियों और राजनेताओं से आपका निरंतर वास्ता पड़ता रहा होगा। आप तब के प्रशासन और आज के प्रशासन में क्या मूलभूत अंतर पाते हैं ?*

जब मैं प्रशासन से जुड़ा था तब की बात कर सकता हूँ। आज जुड़ा नहीं हूँ। आज की बात करूँगा तो सुनी-सुनाई बातों पर विश्वास करके। उस समय अपने मातहत लोगों के कार्यों की पूरी जिम्मेवारी लेने की ईमानदारी अधिक थी। आज नहीं है। मैं विस्तार में जाना नहीं चाहूँगा क्योंकि यह तस्वीर मुझे प्रिय नहीं लगती। बतलाना भी प्रिय नहीं लगता।

? *आप लंबे अर्से तक शिक्षा जगत् से जुड़े रहे, देश-विदेश के विश्वविद्यालयों में अध्यापन कार्य किया, देश के प्रख्यात शिक्षाविद् के रूप में क्या आप हमारे देश की आज की शिक्षा व्यवस्था को उपयुक्त मानते हैं ? यदि दोषपूर्ण पाते हैं तो सबसे बड़ा दोष क्या है ? इसे दूर किन व्यावहारिक उपायों के द्वारा किया जा सकता है ?*

शिक्षक के रूप में विश्वविद्यालय की शिक्षा से ज्यादा जुड़ा रहा हूँ। पर मेरा प्राइमरी और माध्यमिक स्कूल के शिक्षकों से भी बराबर संपर्क रहा है। कई ग्रीष्म सत्रों में साहित्य अध्यापन के बारे में इन शिक्षकों के बीच पाठ्यक्रम भी दिए हैं।

और उनसे बात करके साहित्य अध्यापन के क्षेत्र में क्या खामियाँ हैं यह समझने की कोशिश भी की है। यह सही है कि अधूरी और आयातित शिक्षा पद्धति भी तब तक कुछ अर्थ रखती थी जब तक अध्यापक अर्पित हो आते थे। अब पद्धति से ज्यादा मुश्किल समस्या अध्यापकों की है। अपनेपन की है। इसके लिए शिक्षा में आमूल-चूल परिवर्तन करना होगा। और पहले से चुने हुए लोगों को सघन प्रशिक्षण देना होगा फिर उनको छोटे-छोटे केंद्रों में भेजकर विभिन्न अनुशासनों के शिक्षण का केंद्र चलाने के लिए भेजना होगा। केवल पद्धति अपने आपमें कुछ नहीं होती। पद्धति की मूल भित्ति क्या होती है वह महत्त्वपूर्ण होता है। हमारे यहाँ शिक्षा एक प्रकार की बौद्धिक मानसिक तैयारी रही है जिसमें केवल ग्रहण करना नहीं बल्कि ग्रहण करके उसको अन्वित करना भी शामिल है। मगर आज यह काम विखंडन में अतिरेक के बाद कुछ कठिन हो गया है। अब सूचना का भार इतना बढ़ गया है कि सोचकर कुछ कहने के लिए समय नहीं मिलता। समय रहते इन सब परिस्थितियों पर गहन चिंतन होना चाहिए।

? *आपने नवभारत टाइम्स के प्रधान संपादक का दायित्व निभाया तथा पत्रकारिता के क्षेत्र में स्थापित परिपाटियों से भी आप अलग हुए। साहित्य और पत्रकारिता के सेतुपुरुष के रूप में आपका अविस्मरणीय योगदान रहा है। क्या कारण है कि आज भी अंग्रेजी पत्रकारिता का वर्चस्व है और इसकी वजह भी साफ है कि वहाँ जो परिश्रम और घटनाओं तक खुद पहुँचने का प्रयत्न है, उसका प्रायः हिंदी पत्रकारिता में अभाव है। हिंदी का पत्रकार प्रायः अपेक्षा करता है कि खबरें उसके पास पहुँचें न कि वह खबरों के पास। फिर खोजी पत्रकारिता के नाम पर भी बहुत कुछ ऐसा पनप गया है जो सस्ती लोकप्रियता प्राप्त करने का उद्यम मात्र प्रतीत होता है। गणेश शंकर विद्यार्थी और पराड़कर से लेकर आज तक की ऐसी निर्भीक पत्रकारिता रही है जिसे खोजी जैसा विशेषण देने की जरूरत नहीं पड़ी, इस परिप्रेक्ष्य में आप हिंदी की पत्रकारिता का क्या भविष्य देखते हैं ?*

हिंदी पत्रकारिता का भविष्य बहुत उज्ज्वल दीखता है। क्योंकि अभी भी हिंदी पत्रकारिता ने मूल्यों का आग्रह भले ही दिखाने के लिए ही क्यों हो, छोड़ा नहीं है।

? *करपात्री जी और अखंडानंद जी जैसे महान् धर्मपुरुषों के आप सान्निध्य में रहे। ये व्यक्तित्व भारतीय मनीषा के इस युग में प्रतिनिधित्व करने वाले महान् व्यक्तित्व थे। आपने इन जैसे धर्मपुरुषों से, जो ईश्वर में अगाध विश्वास रखते थे क्या पाया ? फिर राहुल जी के भी आप सतत सान्निध्य में रहे, उन जैसे नास्तिक मनीषी से आपने क्या पाया ? आप कैसे आस्था और अनास्था के*

विपरीत ध्रुवों के बीच अपना संतुलन कायम रख पाए ?

प्रत्येक व्यक्ति से कुछ-न-कुछ पाया जा सकता है यदि पाने की विनम्रता हो तो। यदि मैंने भारतीय मनीषा और भक्ति के बारे में स्वामी जी से बहुत कुछ सीखा तो उसी प्रकार बौद्धिक दृष्टि से सजग रहनेवाले राहुल जी से मैंने अथक परिश्रम किस प्रकार प्रतिभा का विकल्प नहीं पूरक है यह सीखा।

? *आप पं. श्रीनारायण जी और राजर्षि पुरुषोत्तमदास टंडन जैसे महान् हिंदी सेवियों के भी साथ रहे। क्या आप पाते हैं कि इन लोगों ने हिंदी के भविष्य का जो सपना देखा वह पूरा हुआ ? यदि नहीं तो क्या खामी रह गई ? हिंदी के लिए अभी क्या कुछ करने की आवश्यकता है ?*

उन लोगों का सपना साकार नहीं हुआ ऐसा मैं नहीं मानता। पर यह जरूर हुआ कि ऐसे सपने देखनेवाले कम हो गए। सपना देखने की प्रवृत्ति कम हो गई। सपना तो सपना होता है। उसका साकार होना तो संकल्प के ऊपर आधारित है वह संकल्प ही कम हो गया। इन सबके बावजूद हिंदी निष्ठा का जो प्रतिमान इन व्यक्तियों ने पीछे छोड़ा है वह अपने आप में अद्‌भुत है और हमारी पीढ़ी की अकर्मण्यता के लिए एक सजग कचोट है।

? *आपकी हाल ही में प्रकाशित पुस्तक 'सपने कहाँ गए ?' बड़ी महत्त्वपूर्ण पुस्तक है, इन मायनों में कि वह स्वतंत्रता के पूर्व के समय के ऐसे ब्यौरे भी देती है जो अभी तक ज्ञात इतिहास में कुछ नया जोड़ते हैं, साथ ही हमारे अपने जातीय बोध से विगत होते जाने के दुष्परिणामों की ओर भी इंगित करते हैं। आपने इस कृति में लिखा है कि ''हमारे भीतर देश का जो भाव न योगियों ने, साहित्यकारों ने, विचारकों ने, कवियों और लेखकों ने दिया था, वह राज्य के आगे कुछ दब गया और यह प्रमुख कारण है कि भारत के स्वतंत्र होने पर देश का भाव जगा नहीं।'' यह देश का विशाल भाव क्या है ? इसका राज्य से इतना विरोध क्यों ? राज्य भी अपने आपमें एक विकसित तथा आजमाई हुई संस्था है, वह देश के महाभाव को कैसे और कहाँ खंडित करती है ?*

राज्य व्यवस्था मात्र है जबकि देश व्यवस्थाओं का लक्ष्य है।

? *आप संस्कृति के मनीषी हैं। पाणिनि से लेकर कालिदास और भवभूति से भोज तक की परंपरा आपके व्यक्तित्व और कृतित्व में परिलक्षित होती है। मैंने अनुभव किया है कि चाहे कालिदास हों या जयदेव आप इनके सौंदर्य वर्णन में कहीं हमारे शाश्वत आध्यात्मिक मूल्यों की खोज करते हैं। यह दृष्टि सर्वथा नवीन है तथा अनेकों विद्वानों की इससे असहमति भी है। कुछ विद्वान् यह*

भी कहते हैं कि यह आपके विदग्ध पांडित्य का प्रतिफल है। क्या वे कुछ अंशों में सही हैं ?

मैं अध्यात्म के बारे में कई बार कह चुका हूँ। मेरे लिए अध्यात्म जीवन और भौतिकता से अलग नहीं बल्कि इनके साथ अनुस्यूत है। मैं मूलतः जीवन की संपूर्णता की बात करता हूँ। इसलिए अपरिहार्य रूप में धर्म की बात करता हूँ।

? *हाल ही में आपने गीतगोविंद की सर्वथा मौलिक व्याख्या अपने ग्रंथ 'राधा माधव रंग रँगी' में की है। यह व्याख्या वास्तव में बड़ी रास व्याख्या है, आपके राधा-माधव भाव की उत्कृष्टतम परिणति। इसके पहले राधा-माधव को केंद्र में रखकर रचे गए तमाम निबंधों में, व्याख्यानों में आपका यह भाव बार-बार मुखर होता है। आपने राम पर भी बहुत चिंतन किया, 'तुलसी मंजरी' जैसी विलक्षण कृति दी। लेकिन यह अनुभव बार-बार होता है कि जिस ब्रजमान में आप आकंठ डूबे हैं वही सदैव आकुल रहता है अभिव्यक्त होने के लिए। आप जगदंबा के साधक और राम के उपासक हो सकते हैं परंतु आराधक तो आप राधा माधव के ही हैं। यों इस प्रश्न का उत्तर किसी तर्क के आधार पर नहीं दिया जा सकता पर आपकी अनुभूति के स्तर पर आपको अनुभव हुआ हो, कृपया बताएँ कि इस राधा के आराधन भाव में आकंठ डूबने और डूबे रहने की आकांक्षा के पीछे कौन से संस्कार रहे हैं ?*

जहाँ तक कृष्ण की ओर अधिक झुकाव की बात है मैं डॉ. लोहिया की बात दोहराना चाहूँगा कि राम के पीछे चलने का मन होता है कृष्ण को प्यार करने की विवशता होती है। यह इस देश के स्वभाव में है।

? *आप पद्मभूषण से अलंकृत हुए हैं। निश्चय ही यह आपकी मनीषा का नहीं, पूरी परंपरा की उत्कृष्टता का सम्मान है। लेकिन क्या इन अलंकरणों को दिए जाने के संबंध में जो चयन संबंधी सवाल उठाया जाता है, वह सही है ? ज्यादातर लोग चयन के संदर्भ में पात्र और अपात्र का सवाल उठाते हैं। ऐसे सवाल न उठें और पात्र ही सम्मानित हों इसके लिए आप क्या सुझाव देना चाहेंगे ?*

मैं तो इसे आकस्मिक घटना मानता हूँ। आकस्मिक घटना माननेवाले व्यक्ति के ऊपर कोई प्रभाव होगा तो वह तात्कालिक होगा। न मेरे मन में इस सम्मान के लिए कोई उत्कंठा थी। न अब इसका कोई विशेष हर्ष। मेरे स्नेहजनों को बड़ा अच्छा लगता है। उनका अच्छा लगना ही इसकी सार्थकता है। कोई भी चयन प्रक्रिया होगी तो सवाल उठेंगे। और कोई भी चयन प्रक्रिया मानवीय दुर्बलता से मुक्त नहीं होगी। चयन करनेवाले मनुष्य ही होते हैं। पर देखना यह चाहिए कि कसौटी एक होनी चाहिए और चयन का आधार राजनैतिक दलबंदी न हो।

आजकल बहुत से प्रायोजित पुरस्कार भी दिए जाने लगे हैं। क्या ये पुरस्कार कहीं सार्थक लेखन को प्रभावित करते हैं ?

पुरस्कार अपने आपमें कुछ नहीं करता। लेखक की आर्थिक सहायता का समाधान करता है या उसकी अय्याशी के लिए कुछ अतिरिक्त धन देता है। लेखक उसका ठीक उपयोग भी कर सकता है और दुरुपयोग भी। यदि कोई इसे रचना का मूल्यांकन मान लेगा तो पुरस्कारों की लालसा से ही लिखेगा। यदि इसे उत्कृष्ट रचना के लिए चुनौती मानेगा तो फल अच्छा होगा।

आगामी सदी के भारत को किस स्वरूप में आप देखना चाहते हैं ?

इस चण्डूखाने में रहनेवाले विचारकों से पूछिए। मैं तो आज के भारत में अत्यंत संधिकालीन भारत में संभावनाओं की तलाश करना चाहता हूँ। बेकार के आरोपित काल खंडों में कैद सूर्योदय की बात नहीं सोचता।

कँटीले तारों के आर-पार

भेंटकर्ता : पुष्पा भारती

? *आपको अंधकारमय क्षणों में प्रकाश कहाँ से मिलता है ?*

आपने कठिन प्रश्न किया है—'आपको अंधकारमय क्षणों में प्रकाश कहाँ से मिलता है ?' प्रश्न आपने यह मानकर किया है कि प्रकाश मिलता है कहीं न कहीं से। कहाँ से मिलता है, बस आपको फकत इसी से प्रयोजन है। पर क्या प्रकाश का पाना ऐसा है कि मानकर चला जाए ? प्रकाश है—यह तो मानकर चला जा सकता है, पर वह हर किसी को मिल ही जाए—यह कैसे मानकर चला जा सकता है ? और फिर प्रकाश कहीं—भ्रम के रूप में ही सही—दिखे भी तो। वह तो अपने घेरनेवाले अंधकार से अलग करके देखा नहीं जा सकता। फिर एक आदमी के प्रकाश से, बिना उस आदमी के अंधकार को समझे कोई दूसरा आदमी पा क्या सकता है ?

मैं कई दिनों तक इन प्रश्नों में उलझा रहा, और कुछ-न-कुछ उत्तर लिखने जा रहा था, आपका दूसरा पत्र भी आ गया, पर इसी बीच मुझे ज्वर ने आ दबोचा। तेज़ ज्वर, हाड़-हाड़ में फूटन, आँखों में तीव्र जलन, दो दिन, दो रात झेलते-झेलते एकबारगी ऐसा हुआ कि सचमुच ऐसा लगा कि आँखें तो बंद हैं, खुल नहीं पा रही हैं, पर चिनगारियाँ छिटक रही हैं, एक रोशनी का अलातचक्र बन रहा है, दर्द असह्य हो रहा है, शरीर का प्रत्येक अंग इस दर्द में अलग-अलग पहचाना जा सकता है, हर एक जर्रा दर्द की संवेदना से दहक रहा है, सारी इंद्रियाँ अपना काम छोड़कर दर्द का अनुभव करने के लिए केवल मन का काम कर रही हैं। ऐसा लगता है कि बस शरीर खंड-खंड होकर चिटकेगा। और कुछेक क्षण के लिए बिलकुल अंधकार घुप, सब-कुछ जैसे खाली हो गया हो...

कुछ तबीयत सँभली तो आपके प्रश्नों के टूटे हुए सूत्र ले फिर उधेड़-बुन में बैठा, तो लगा कि जोगी-जती लोगों की बात या बाबागीरी के नशे में डूबे रहनेवालों

की बात जो भी हो, उन्हें सुख और प्रकाश का तादात्म्य मिल जाता हो, मुझे नहीं मिलता। *मुझे तो दुःख का निबिड़तम क्षण ही चैतन्य के प्रखरतम प्रकाश से उद्भासित क्षण के रूप में मिलता है, जो एक बार सब कुछ खाली करा देता है और फिर निखालिस दर्द भर देता है।*

ध्येय जिसका साधता हो, वह जो कहे, पर मेरे-जैसे आदमी के लिए (जिसका ध्येय बराबर असधा रहेगा, बराबर खिसकता रहेगा, क्योंकि वृत्त पूरा नहीं होने पाएगा, कि एक पास के बिंदु पर पहुँचते वृत्त का घेरा बढ़ जाएगा और फिर ध्येय का केंद्र-बिंदु अस्पष्ट हो जाएगा) ध्येय न पा सकने का तुरंत बोध ही प्रकाश की आशा है।

मैंने आपके पहले पत्र के उत्तर में लिखा था कि मेरी स्थिति एक कोरियाई कहानी 'कँटीले तारों के आर-पार' के उस मासूम बच्चे जैसी है, जो उत्तर और दक्षिण कोरिया की विभाजन-रेखा का महत्त्व नहीं पहचानता। पिता दक्षिण की ओर गया है; माँ पूछती नहीं, सारा दिन कहाँ रहती है, मुझे पता नहीं, रात में आकर तुरंत चल देती है। वह बच्चा एक दिन सुबह स्कूल आता है, स्कूल बंद मिलता है। वह निरुद्देश्य चल पड़ता है, शायद पिता की तलाश कहीं मन में हो ! ट्रेन पर सवार हो जाता है, और ट्रेन उस स्टेशन पर छोड़ देती है, जहाँ सीमांत है।

बच्चा पैदल चल पड़ता है। एक बिल्ली का बच्चा मिलता है, बस यात्रा-स्फूर्ति बन जाती है। रोटियाँ चुक जाती हैं, प्यास लगती है और एक छोटे-से पोखर की ओर जाते मृग दिखते हैं। बिल्ली के बच्चे को लिये दौड़ता है। मृग भाग जाते हैं, पर पानी बड़ा ठंडा मिलता है। कोयल की बोली सुनने को मिलती है, फिर और नई स्फूर्ति से यात्रा शुरू होती है। कँटीले तारों का सीमांत आता है, जिसके पार एक पट्टी है—युद्धबंदी की पट्टी। नरसलों की दीवार बनाकर तार लाँघता है, फिर पट्टी भी पार कर जाता है। सुरंगों से, बमों से जाने कैसे बच निकल जाता है ! फिर दूसरा कँटीले तारों का घेरा आता है।

उसे पार करते-करते उस पार के सिपाही द्वारा पकड़ लिया जाता है। सिपाही समझता है कि बच्चा दुश्मन की ओर से भेजा गया कोई भेदिया है। उसे अफसर के पास ले जाता है। अफसर को बच्चे को देखते ही अपने छोटे भाई का चेहरा याद आता है और वह दुलार कर बच्चे से उसका पूरा वृत्तांत जान लेता है। वह बच्चे को नहलाता है, खिलाता है, बिल्ली के बच्चे को भी अच्छी चीजें खाने को देता है और वह बच्चे को अपने कपड़े पहनाकर अपने पास सुलाता है। बच्चे को आश्वासन देता है कि तुम्हारे पिता तुम्हारे पास बुला दिए जाएँगे। बच्चा पिता को पाने का ख्वाब देखता-देखता सो जाता है। नींद खुलती है, बिल्ली के बच्चे की सुधि आती है। वह हड़बड़ाकर भागता है, उत्तर की ओर जिधर से आया था। बिल्ली के बच्चे को पुकारता-पुकारता एक कँटीला तार पार करके, पट्टी पार करके फिर उसी नरसलवाली दीवार के पास दूसरे कँटीले तार के पास पहुँच जाता है। नरसल तो

उस पार है, ढीले कपड़े फँस जाते हैं। इतने में कुछ खड़-खड़ सुनकर उत्तर के एक सैनिक की बंदूक दग जाती है और बच्चे का शरीर (जो बालिग पोशाक में बड़ा दिखने लगा है) गोली से छिदकर तारों पर झूल जाता है।

रक्त टप्-टप् गिरने लगता है। उत्तर का एक सैनिक और उसका अफसर और दक्षिण का सैनिक और अफसर (जिसने बच्चे को अपने पास सुलाया था) कँटीले तार के आर-पार खड़े हो जाते हैं और दोनों ओर टप्-टप् आँसू झरने लगते हैं। इतने में सूरज की पहली किरणें आती हैं और खून और आँसू की बूँदों को झलका देती हैं।

मुझे लगता है कि मेरे-जैसे आदमी को, जिसके लिए विभाजन-रेखाएँ कोई अस्तित्व नहीं रखतीं, चाहे वह परंपरा और आधुनिकता के बीच हों, चाहे देवता और आदमी के बीच हों, चाहे कल्पना और यथार्थ के बीच हों, चाहे अध्यात्म और बाह्य विषय के बीच हों, चाहे समाज और व्यक्ति के बीच में हों, चाहे प्रेम और कर्तव्य के बीच हों, चाहे कर्तव्य और अधिकार के बीच। अपनी प्रेरणा का स्रोत तलाशने के लिए ऐसी ही यात्रा पर निकलना होगा और एक छोटी-सी जानदार चीज की आत्मीयता के बल पर ही कँटीले तार लाँघने होंगे और पिता के मिलने की आशा उगते ही यदि आत्मीयता का संबल बिछुड़ गया, तो फिर पिता को भूलकर उस कँटीले तारों की बाड़ पर बलि होने आना होगा और तब कहीं उसको, या, ठीक कहें, उसकी आत्मा को सुबह की रोशनी मयस्सर होगी।

आपको इस कहानी से मेरा अपनी नियति से जोड़ना शायद बहुत अतिरंजित भावुकता लगे। अब आपको किस तरह समझाऊँ ! काशी-जैसी धर्मप्राण नगरी में बरसों से रह रहा हूँ, संस्कृत के बड़े आस्थावान् पंडितों के बीच रह रहा हूँ, पर जब देखता हूँ कि यहाँ ऐसे सनातनी हैं, जो पश्चिमी सभ्यता को कोसने से दिन का श्रीगणेश करते हैं और पश्चिमी सभ्यता के सबसे निकृष्ट और घिनौने रूप की आराधना से रात का, जो शास्त्र की रक्षा के लिए प्राण देने की बात करते हैं और उसी शास्त्र से एक ही दिन में दो विरोधी वचन निकालकर दो पक्षों से गहरी रकम लेकर दो विरोधी व्यवस्थाएँ दे देते हैं; ऐसे पंडित हैं, जो स्वयं पूजा-पाठ में रंचमात्र विश्वास नहीं रखते; पर दूसरों से दक्षिणा लेकर पूजा-पाठ करने में कोई संकोच भी नहीं करते; ऐसे धर्मधुरीण हैं, जो समस्त विश्व की राजनीति को वर्णाश्रम का धार्मिक आधार देंगे, पर स्वयं भीख माँगनेवाली अपनी पत्नी को कर्तव्य की दृष्टि से कौन कहे, दया की दृष्टि से भी वंचित रखेंगे, तो मन विषाद से भर जाता है।

कथावाचकों, पुजारियों, मठाधीशों, संन्यासियों—सबको देखता हूँ, सब माँग रहे हैं—कोई धार्मिक अनुष्ठान हो, पैसे माँगता है; कोई मंदिर हो, चढ़ावा माँगता है, तभी दर्शन अधिक सुगमता से होंगे। आप कितनी भी तल्लीनता से गंगास्नान करना चाहें, पैसों के लिए डुबकी लगानेवाले छोकरों से टकराकर अकचका ही जाएँगे, यहाँ तक

कि श्मशान पैसे माँगता है। कभी-कभी सोचता हूँ कि आहुति, त्याग, यज्ञ की बात करनेवाले धर्म में इतना लोभ कहाँ से आ गया है ? आदमी चाहेगा कि जैसे भी मुझे स्नान करने को मिल जाए, दर्शन करने को मिल जाए, भले ही मेरे धक्के से दूसरे दर्शनार्थी गिर जाएँ, पिस जाएँ। मैं ऐसे आत्मलोभी धर्म से घबरा जाता हूँ।

मैं अपनी अयाची परंपरा को अतीत के आगे हाथ पसारे नहीं देख पाता, न आधुनिकता को पश्चिम के टुकड़े पर पलने और तनिक भी ग्लानि का अनुभव न करते देखना गवारा कर पाता हूँ। दूसरी ओर शास्त्रीय विधि-विधान कुछ भी न जाननेवाली भीड़ देखता हूँ, जिसको धक्का वगैरह कुछ महसूस नहीं होता; पंडा जिसे विश्वनाथ जी बता दें, वहीं एक लोटा जल चढ़ाकर यह भीड़ कृतार्थ हो जाती है, पर इस भीड़ का हर आदमी दूसरे आदमी का हाथ पकड़े रहता है कि कहीं हम एक-दूसरे से बिछुड़ न जाएँ। इन लोगों को पता लग भी जाए कि हम ठगे जा रहे हैं, तो हँसकर कहेंगे कि तीर्थ में ठगा जाना भी पुण्य है, हम तो नहीं ठग रहे हैं।

शास्त्रीय विधि-विधान का जानकार सोचेगा कि पंडे इनसे अशुद्ध मंत्र पढ़वाकर इनके पितरों का पिंड दिला रहे हैं, उस पिंड का भी कोई महत्त्व है ? और मैं शास्त्रीय विधि-विधान पूरा करने कराने के पीछे जब लोभ का अच्छा-खासा फैलाव देखता हूँ, तो सोचता हूँ कि कभी संभव होगा कि 'वसुधैव कुटुंबकम्' की बात करनेवाले संकीर्णता छोड़ सकेंगे और भारत को जगद्‌गुरु मानकर अपने को जगद्‌गुरु माननेवालों का छुटपन कम हो सकेगा।

आप ही सोचिए, ऐसे आदमी को, जिसका शास्त्रों से कुछ परिचय है, पर जो गाँव के आदमी के हुलास की भाषा भी कुछ पहचानता है, प्रकाश कहाँ से मिलेगा ! मुझे तो दूर पश्चिमी दिगंत में प्रकाश की खोज में भटकनेवालों में भयंकर अंधकार दिखाई पड़ता है और बाहर लोग हिंदू धर्म की ओर आकृष्ट हो रहे हैं, कृष्णभक्ति, योग, रुद्राक्ष नए निर्यात हो गए हैं। इस गर्व से आस्फालित भारत को जगद्‌गुरु कहनेवालों में भी घोर अंधकार दिखाई पड़ता है। किसी की भावना पर आघात पहुँचाना नहीं चाहता, इसलिए कुछ बोलता नहीं, पर भावना की इजारेदारी जहाँ भावनाशून्य लोगों में सिमट रही हो, वहाँ कुछ कह न पाऊँ, इससे बड़ा क्लेश होता है।

कबीर बनना सबके बूते की बात नहीं, और तुलसी बनना तो और भी मुश्किल है। बहुत कोशिश करके अपने मन को रोजमर्रा की जिंदगी के दो पाटों में चीरा जा सकता है, और राग-द्वेष की पाट में रहते हुए राग-द्वेष से परे की जिंदगी के दूसरे पाट के लिए तड़पा जा सकता है, और दूसरे पाट में रहते हुए रोजमर्रा की जिंदगी के चरपरे स्वाद के लिए ललका जा सकता है, और आकुलता इतनी बढ़ सकती है कि आदमी विद्यापति बने न बने, यह अनुभव तो कर ही सकता है कि—

"अपने विरह अपन तनु जरजर, जिबइत मेल संदेह !"

अपने ही विरह में अपना शरीर ऐसा जर्जर हो गया है कि जीना संदिग्ध हो

गया है। अपनी परंपरा में मैंने रस लिया है, पर उस परंपरा के नाम पर जब एक अलग खेमा बना देखता हूँ, तो मेरा मन आधुनिक हो जाता है; आधुनिक मनुष्य की संवेदना में भीगा हूँ, पर उसे जब परंपरा के विरोध में तना देखता हूँ, तो मन परंपरा की ओर झुक जाता है। इस ऊहापोह में प्रकाश पाने के लिए दोनों के सीमांत की कँटीली बाड़ पर आकुल प्राण बार-बार लौट आते हैं।

इस आकुलता के लिए कितने मधुमास उपासे (उपवासे) निकल जाते हैं। प्राणपिक एक ऋतु से दूसरी ऋतु कुहकते-कुहकते थक जाता है—'थाकल सकल सरीर।' कभी जी-भर जीवन का आस्वाद नहीं मिलता, कभी मिला भी तो बिल्ली के बच्चे की याद आ जाती है। मेरे एक विदेशी मित्र हिंदू धर्म की ओर आकृष्ट हुए। उन्होंने कहा—मैं शुद्धि में विश्वास नहीं करता, पर मैं दीक्षा लेना चाहता हूँ। भारत आए, उन्होंने बहुत दर्द के साथ अनुभव किया कि लोग मुझे हिंदू मानने को तैयार नहीं हैं।

मैं भक्ति की धारा की विशालता से जब कभी अभिभूत होता हूँ, तो मुझे उस विदेशी मित्र की पीड़ा कचोटने लगती है। कैसी है धारा, जो एक अर्पित व्यक्ति को किनारे डाल देती है, क्योंकि वह दूसरी धारा से आया है। कैसा है पिता का यह देश, जो मेरी जिंदगी को आत्मीयता का संस्पर्श देनेवाले बिलौटे को भगा देता है !

मेरे पास कोई उत्तर नहीं, कोई प्रकाश नहीं, बस केवल जानने की तीव्र आकांक्षा है—मैं किसका हूँ ? और इस आकांक्षा की तीव्रता ने मेरा दिग्बोध हर लिया है। मैं बार-बार लौटकर प्रकाश के दो दावेदार अंधकारों की संधि-रेखा, या ठीक-ठीक कहें, युद्धविराम-रेखा पर सूरज के पहले पहुँचना चाहता हूँ, छिदकर, बिंधकर।

इस पत्र से आपको संतोष नहीं होगा, न दीपावली-परिचर्चा का उद्देश्य पूरा होगा, पर आपने ममता की बात छेड़कर प्रश्न पूछा है, तो आप ही बतलाइए, मैं निर्मम होकर कैसे लिखता ? जो मेरा नहीं है, उस प्रकाश की बात मैं क्या करता ? मैं ठहरे हुए प्रकाश से आकुल अंधकार को अधिक महत्त्व देता हूँ, क्योंकि जहाँ गति होगी, तीव्रता होगी, वहाँ प्रकाश दौड़ा-दौड़ा आएगा, भले ही तब आए, जब गहरी कीमत चुका दी गई हो।

यह निबंध श्रीमती पुष्पा भारती के एक पत्र के उत्तर में पत्रोत्तर के रूप में लिखा गया था।

राग का विस्तार है महाराग

भेंटकर्ता : अनामिका

? *वैराग्य क्या है ? जब सृष्टि के मूल में 'राग' था तो 'विराग' का महिमा गायन क्यों ?*

विराग के दो अर्थ हैं—'विशेष राग और राग के पार चले जाने की स्थिति।' ठीक से देखा जाय तो दोनों एक ही हैं ! राग का विस्तार ही है महाराग में प्रवेश ! अन्याभिलक्ष्यातिशून्यं।

? *यह राग, यह प्रेम कभी तो एकनिष्ठ होता है, पर कभी-कभी उस महाभाव के अलग मूर्त्तियों में, उसी इंटेंसिटी के साथ विकिरित होने की भी स्थिति बनती है—जैसे कृष्ण के यहाँ ? इसे आप क्या कहेंगे ?*

राधा से कृष्ण और कृष्ण से राधा का प्रेम 'पूर्ण' से 'पूर्णतर' तक की सतत यात्रा है—तन्मयताओं की एक पूरी शृंखला—आत्म-विस्मरण से पैदा होने वाली "अनुखन माधव-माधव रटिए" की आनन्द-यात्रा।

? *प्रकृति और पुरुष का विभेद सांख्य स्थापित करता है, उनकी अंतःक्रियात्मकता का जटिल ताना-बना जो हमें तंत्र में मिलता है—वहाँ भोग ही योग बनकर कैसे सामने आता है ?*

पिंड के महत्त्व को तो वेद भी मानते हैं, तंत्र भी। रूमान, अश्रुपात, नृत्य—सब भावों का ही देहांतरण है। हर भाव सबका प्रकट माध्यम शरीर है। देह ही वीणा है जिसपर आत्मा के सुर सधते हैं। सात चक्र ब्रह्माण्ड के विभिन्न स्तर हैं—क्रमिक सोपान। सृष्टि के रूप-रस-गंध को आत्मा तक उतारने का जिम्मा इंद्रियों का ही है। इंद्रियाँ ही उस ब्रह्म को आत्मस्थ करती हैं—कण-कण में जिसकी द्युतिमान उपस्थिति से स्पंदित है।

[?] *कर्मकांड साधन-समर्पण के महाभाव का काव्यात्मक प्रतीक भर है कि उनका कोई गूढ़ार्थ भी माना जाना चाहिए ?*

पूरी सृष्टि ही ब्रह्म को चढ़ा हुआ महार्घ्य है—समर्पण निरपेक्ष को, उस अद्वितीय अनुभव को समर्पण—अहं के क्रमिक विसर्जन के रूप में महत्त्वपूर्ण है। कर्मकांड की धूप-अर्चा समाधि का अनुकूल मंडल भी बनाती है।

[?] *अच्छे लोगों को अक्सर अनादर, उपेक्षा और यातना भोगनी होती है—जबकि दुर्जन मस्त रहते हैं। पीड़ा क्या प्रक्षालक होती है ?*

जिनकी ईश्वर की न्याय-व्यवस्था में गहरी आस्था है—वे विपरीत से विपरीत परिस्थिति में पीड़ित नहीं होते—प्रतिकूलताओं को परीक्षावधि मानकर अपने सद्गुणों का उत्तरोत्तर विकास किए जाते हैं। एक खास तरह का सुरूर होता है—उनमें दुर्जन क्या खाकर मस्त रहेंगे—उनकी मस्ती भी ढोंग है या पाशविक धरातल की तृप्ति।

[?] *मृत्यु के पार के जीवन पर आपकी टिप्पणी ?*

मरता कुछ भी नहीं है। सब तद्वत रहता है। रूपांतर है मृत्यु ! स्वर्ग-नर्क मनःस्थितियाँ हैं।

[?] *हमारा समाज आज 'सुफल' से ज्यादा 'सफल' पर जोर देता है—येन-केन प्रकारेण पायी गयी सफलता पर आपकी टिप्पणी ?*

यह क्षणभंगुर होती है। चार दिन की चाँदनी। *जीवन के व्यापक अनुभव में आपकी सरस सहभागिता का प्रतिशत क्या है—यही है आपकी सच्ची सफलता का माप। आवरणों का मुखौटों का सत्य सत्य नहीं होता।* जीवन छोटे दायरे से निकल आने की कला का नाम है, आत्मदान की कला का, निजत्व के परिहार की कला का। मानिए कि 5000 फुट की आँच है आपकी तो जीवन की घरिया में आप उतना ही उठे...। कॉस्मिक 'मैं' का प्रतिबिंब ही तो हैं आप।

[?] *अगर हम वेद के ऋषियों को पढ़ें तो ऐसा लगता नहीं कि वे कल्पना के किसी देवता के बारे में बात कर रहे हैं—वे ऐसे देवता के बारे में बात करते हैं, जो उनके साथ गीत गाता है, हँसता है, बात करता है, भोजन तक ग्रहण करता है, ...अपने ही वृहत्तर 'मैं' से हमारा यह तार जो विच्छिन्न-सा हो गया है...उसका फिर से जुड़ना संभव है क्या ?*

मैं निराश नहीं हूँ। संकल्प सच्चा और समवेत हो तो सब संभव है—

इंद्रियाणिध्यानाद्यो मनःप्रग्रहनैवच।
आत्मानम् रथिनमतिद्धि बुद्धिमंसारथिभेवच।।

तैंतीस करोड़ देवताओं के इस देश में अधपेटे-अधनंगे लोगों का भी नैतिक लालित्य-बोध मरा नहीं है। मिथकीय चेतना उसे प्रोज्ज्वल रखे है।

? *पचानवे हजार वर्ष पूर्व ग्रह-नक्षत्रों की जैसी स्थिति थी—ऋग्वेद में इसका उल्लेख है। ज्योतिष क्या अद्वैत का विज्ञान है ?*

जो कुछ होना है या हो सकता है—उसका एक स्थूल आकलन तो ज्योतिष जरूर कर सकता है—प्रीडेस्टिनेशन और प्रोबैबिलिटी के सिद्धांत अपने ढंग से ठीक हैं पर इन्हें अंतिम सत्य नहीं माना जा सकता—सद्‌कर्म और पूजा-अर्चना की शाश्वत मनोदशा यानी वृहत्तर सत्य के समक्ष पूर्ण आत्मसमर्पण की विलक्षणता कर्मफल और भाग्यफल बदल भी डालते हैं ! "होनी होय सो होय" एक ढीला-ढाला घेरा जरूर रचते हैं जिसकी पूर्वघोषणा असंभव नहीं, नक्षत्रों का सही ज्ञान और विश्लेषण इसे सहज संभव करते हैं—पर पुरुषार्थ का महत्त्व भी एकदम से नकारा नहीं जा सकता। सावधिकाल और निरवधिकाल का मिलनबिंदु (इंटरसेक्शन प्वाइंट) है जन्म—जन्मकाल में नक्षत्रों और ग्रहों की जो विशिष्ट स्थिति रहती है—उनका सामूहिक प्रकाश-वृत्त मनुष्य के भाग्य को एक खास घेरे में बाँधते जरूर हैं, पर वह घेरा लोहे की जंजीर नहीं होता—भाग्य का लिखा पत्थर की लकीर नहीं है।

लोक जीवन में रचा-बसा है

भेंटकर्ता : यतींद्र मोहन प्रताप मिश्र

? *आपकी दृष्टि में लोकप्रिय साहित्य और श्रेष्ठ साहित्य क्या है?*

लोकप्रिय बड़ा अस्पष्ट शब्द है। क्योंकि इसका संख्यात्मक मापदंड भ्रामक होता है। यदि उसके आधार पर लोकप्रियता का निर्णय दिया जाय तो ऐसी चीजें लोकप्रिय हैं जिनका तीन दिन के बाद कोई मूल्य नहीं होता। कुछ लोग इस रूप में लोकप्रियता मानते हैं कि कोई पुस्तक कितनी संख्या में बिकी। जैसे रामचरितमानस की लोकप्रियता है। मानस के कई संस्करण छपे। बरसों से मानस के पढ़ने में, बिक्री में कमी नहीं आई है, बल्कि बढ़ोतरी ही हुई है। लोकप्रियता का सीधा-सा मतलब है जो लोक में बार-बार पढ़ा जाए और रुचि से पढ़ा जाए। ऐसा साहित्य श्रेष्ठ साहित्य भी होता है। लेकिन केवल बिकने का आधार ही श्रेष्ठता का आधार नहीं होता है। श्रेष्ठता का साहित्य में आधार केवल एक ही है कि वह बार-बार पढ़ा जाने पर भी एक नया अर्थ देता है। उसको पढ़ने की इच्छा बनी रहती है और वह मन को रुचिकर लगता है। मेरी दृष्टि में जिस साहित्य की पढ़ने के बाद गूँज बनी रहे, वही श्रेष्ठ साहित्य है।

? *भारतीय लोक-परंपरा की प्रकृति कैसी है?*

भारतीय लोक-परंपरा की तीन मुख्य विशेषताएँ हैं। पहली विशेषता तो यह है कि यह लोक-परंपरा पूर्वविस्मृत, पुरानी, आदिम परंपरा नहीं है। यह परंपरा जीवंत है, अभी तक व्याप्त है, व्यतीत नहीं हुई है। निरंतर चल रही है एवं जीवन का अंग है। जिसे 'फोक' (Folk) कहते हैं, वह यह नहीं है। इसमें जीवन का अर्थ अंतर्निहित रहता है। दूसरी विशेषता यह है कि हमारी लोक-परंपरा मनुष्य व प्रकृति के बीच में, व्यक्त व अव्यक्त के बीच में संबंध स्थापित करती है। लोक का अर्थ होता है

इंद्रियगोचर संसार जो इंद्रियों द्वारा अनुभूत होता हो, जिसका प्रत्यक्ष अनुभव होता हो। इस लोक में केवल मनुष्य समाज ही नहीं रहता, प्रकृति भी आती है, व्यवहार भी आता है, भाषा भी आती है। लोक-परंपरा में सारी चीजें समाहित होती हैं। तीसरी बात यह है कि लोक-परंपरा भारतवर्ष में शास्त्र को समृद्ध करनेवाली परंपरा रही है। शास्त्र के विरोध में नहीं रही। हमारे यहाँ भाद्रपद में करमा एकादशी होती है, उसी से जुड़ी हुई परंपरा आदिवासी क्षेत्रों में भी पायी जाती है। उनके यहाँ भी करमा का उत्सव होता है। इसका अर्थ यह है कि निरंतर अंतःप्रक्रिया होती रही है, शास्त्र और लोक के बीच में मेल-जोल रहा है। इस तरह हम कह सकते हैं कि शास्त्रीय परंपरा लोक से जुड़ी हुई है व शास्त्र ने लोक को समृद्ध किया है। हमारे यहाँ बहुत सारे राग हैं जो लोकधुनों से बने हैं। काफी होली के धुन से निकला है। मल्हार है, वह सावन की धुन से निकला है। लोक-धुनों एवं लोकगीतों से शास्त्रीय संगीत का विकास हुआ है और इसी प्रकार शास्त्रीय संगीत के रागों से लोकगीतों की रचना हुई है। लोक-परंपरा समग्र दृष्टि लिए हुए रही है। *हमारा लोक समस्त विश्व को एक परिवार के रूप में बाँधने की बात करता है। लोक-परंपरा संबंधों के निर्वाह की परंपरा है। यह संबंधों की बहुविधता, अनेक प्रकार के रिश्तों के सौंदर्य को समझने की परंपरा है,* यही मुख्य विशेषता है।

[?] *शास्त्रों के निर्माण में लोक अवधारणाओं की क्या भूमिका रही है ?*

शास्त्रों में लोक का भरपूर उपयोग हुआ है। जैसे उदाहरण दिया जाता है—यथा लोके अर्थात् लोक में व्यवहार का प्रमाण दिया जाता है। शास्त्र में बहुत सारी युक्तियाँ लोक व्यवहार के आधार पर दी जाती हैं, जैसे पतंजलि का महाभाष्य देखिए, न्यायभाष्य देखिए—तो ऐसी युक्तियाँ मिलेंगी। किसी भी शास्त्र में देखें तो लोक जीवन के उदाहरण मिलेंगे। कुम्हार कैसे घड़ा बनाता है, सोनार कैसे गहने बनाता है, यह सब लोक जीवन से उदाहरण के रूप में लिए जाते हैं। दूसरा लोकोक्तियों का उदाहरण दिया जाता है जिसे लौकिक न्याय कहते हैं। कुछ मुहावरे बन जाते हैं—साँप और नेवले में बैर है। इसके आधार पर 'अहिनकुलम्' बनता है। इस मुहावरे में साँप और नेवले का संबंध दर्शाया गया है। यह सब सामान्य जीवन के परीक्षण से आता है। शास्त्र में यह संदेश मिलता है कि लोक को साथ लेकर चलना चाहिए। जो भी रीति हो, कुलरीति चली आ रही हो, उसका निर्वाह जरूर करना चाहिए। जिस तरह शास्त्र लोक को साथ लेकर चलता है, उसकी उपेक्षा नहीं करता, उसी तरह लोक भी शास्त्र को एक सरलीकृत रूप में अपने में समाहित किए हुए है। शास्त्रीय विधियों में पूजा में आने वाली अनेक सामग्रियाँ ऐसी हैं, जिनका कोई सूत्र नहीं मिलता। बस, इतना पता चलता है कि यह लोक व्यवहार में था, इसलिए इसका प्रयोग किया जा रहा है। ऐसी बहुत सारी चीजें परंपरा में स्वतः ही आई हुई हैं। इस कारण आप शास्त्र

और लोक को अलग-अलग करके नहीं देख सकते। शास्त्र व लोक का आपस में अन्योन्य संबंध है।

? *हिंदी के लोक साहित्य से, भारत की अन्य भाषाओं में रचे जानेवाले साहित्य में मूलभूत अंतर क्या है ?*

किसी अन्य भारतीय भाषा की तुलना में हिंदी में सबसे ज्यादा लोक साहित्य रचा गया है। हिंदी की 22 जनपदीय भाषाएँ हैं, जिनमें भरपूर लोक साहित्य लिखा गया है। हिंदी का लोक साहित्य विविधताओं से भरा है, जीवंत है एवं आज भी सक्रिय है। जबकि कन्नड़ व मलयालम का लोक साहित्य उतना समृद्ध नहीं है। हिंदी के अतिरिक्त अन्य भाषाओं का लोक साहित्य भी सीमित है। यही मूलभूत अंतर है।

? *कुछ आंचलिक उपन्यासों से संदर्भित करते हुए कृपया यह बताएँ कि आंचलिक उपन्यासों का हिंदी साहित्य में क्या योगदान है ?*

सबसे पहले वृंदावनलाल वर्मा ने अपने उपन्यासों में स्थानीय वातावरण का प्रयोग किया है। उन्होंने उस वातावरण से एक स्थानीय रंगत (Local-Colour) पूरी रचना को दी है। उसके बाद एक नए ढंग का प्रयोग फणीश्वरनाथ रेणु ने किया। रेणु ने मिथकों, लोक जीवन में प्रचलित अंधविश्वासों को अपने उपन्यास में एक नयी भाषा दी। यह एक प्रकार का रचनात्मक प्रयोग था। ऐसा ही प्रयोग नागार्जुन ने 'बाबा बटेसरनाथ' में किया। उन्होंने सामान्य जीवन में इस लोक मिथक की स्थापना की कि वट वृक्ष में देवता का वास होता है। इसी तरह दूसरे प्रकार का प्रयोग शिवप्रसाद सिंह की कहानियों में है, उनकी कुछ औपन्यासिक कृतियों में है। इसके अलावा भी कई कहानियाँ व उपन्यास हैं, जिनमें लोक जीवन को समझने का प्रयास किया गया है। जैसे—मार्कण्डेय की '*हंसा जाइ अकेला*'। शुरू में कमलेश्वर ने भी ऐसी कहानियाँ लिखी हैं। एक समय ऐसा आया है जब कथा को नया आयाम देने के लिए इस तरह के प्रयोग किए गए।

? *आधुनिक हिंदी कविता में कुछ कवि (नागार्जुन, त्रिलोचन शास्त्री एवं अरुण कमल) हैं जिन्होंने लोक जीवन से प्रेरणा लेकर कविताएँ की हैं। उनके साहित्य के बारे में आप क्या कहेंगे ?*

सिर्फ नागार्जुन, त्रिलोचन व अरुण कमल ने लोक जीवन से प्रेरणा लेकर लिखा है, ऐसा नहीं है। बहुत सारे लेखक व कवि ऐसे हैं जिन्होंने अपने साहित्य के लिए लोक जीवन को आधार बनाया। इन तीनों के साहित्य के बारे में टिप्पणी करने से पहले उनकी जीवन दृष्टि देखनी चाहिए। नागार्जुन ने कुछ बहुत अच्छी कविताएँ

लिखी हैं। लेकिन एक खास बात यह ध्यान देने योग्य है कि इन तीनों द्वारा लिखा साहित्य लोक साहित्य नहीं है बल्कि लोक जीवन की एक तस्वीर पेश करता है। इनकी रचनाओं में लोक जीवन का बेहतर चित्रण हुआ है। *वैसे लोक साहित्य तो वह होता है, जिसमें निरंतर परिवर्तन होता रहा है और जिसके रचनाकार की ठीक पहचान नहीं की जा सकती, क्योंकि उसको संप्रेषित करने वाला समस्त लोक रचनाकर्म में शरीक है।*

? *लोक में समाज की स्वायत्तता पर आपकी क्या टिप्पणी है?*

स्वायत्तता शब्द बड़ा भ्रामक है। एक सीमा के भीतर सभी स्वायत्त होते हैं। एक सीमा के भीतर स्वतंत्र निर्णय करने का अधिकार सबको होता है। एक मर्यादा है, लोक में भी एक मर्यादा रहती है। जितना लचीलापन दिखता है वह लचीलापन एक मर्यादा के भीतर ही रहता है। जैसे तमाम संबंधों की बात आती है, उन संबंधों में एक प्रकार की मनोज्ञता की बात आती है। भाभी के साथ देवर का परिहास होता है, लेकिन वह परिहास एक मर्यादा के भीतर ही होता है और खुला परिहास होता है। इस परिहास में कोई दुराव या छल नहीं होता, लेकिन मर्यादा रहती है कि यहाँ तक तो ठीक है, लेकिन इसके आगे नहीं। होली में बहुत परिहास होते हैं, अश्लीलता की हद तक परिहास पहुँच जाते हैं, बावजूद इसके वह अश्लीलता वचन तक सीमित रहती है। अतः कहीं न कहीं इसमें एक सीमा बाँध दी जाती है, तो यह मानना कि उसकी स्वायत्तता दूसरी मान्यताओं से निरपेक्ष है, ऐसा नहीं है। केवल इतना ही अंतर होता है कि लोक में रिश्ते खुले होते हैं और विवेक की स्वतंत्रता के मूल में लोक मर्यादा की एक पीठिका रहती है जो मूल्यों की जाँच करते समय मूल्यों में संशोधन करती है और मूल्यों को स्थापित भी करती है। लोक में कुंठा नहीं रहती। हमारे यहाँ परिवर्तन की यही प्रक्रिया रही है कि सदैव मूल्यों को स्थापित करते रहना है। यह कभी नहीं हुआ कि एक मूल्य को गायब कर दिया जाए और बीच में एक शून्य पैदा किया जाए। कहीं शून्य की स्थिति पैदा न हो, इसलिए एक निरंतरता बनाई गयी है। स्वायत्तता से अगर अभिप्राय यह है कि वह निरपेक्षता है, तो ऐसी स्वायत्तता कहीं नहीं है।

? *लोक साहित्य को साहित्येतिहास की केंद्रीय धारा में समुचित स्थान क्यों नहीं दिया गया?*

ऐसा इसलिए कि पहले वाचिक साहित्य की परंपरा थी और साहित्यकारों ने केवल छपे हुए साहित्य को ही साहित्य माना। इसी कारण लोक साहित्य को स्थान नहीं मिल सका। महाभारत तथा रामायण भी पहले वाचिक परंपरा के साहित्य रहे हैं, इनको बाद में लिखित रूप दिया गया। पुराण वाचिक थे, पूरा संत साहित्य वाचिक

था। सूर का पद भी गाया जाता था, तब कोई यह नहीं कहता था कि यह लोक साहित्य है। यह जब से साहित्य को देखने की नयी दृष्टि आयी है, तब से ऐसा हुआ। एक बड़ा नुकसान यह हुआ है कि छाँटने की प्रक्रिया में हमसे बहुत कुछ छूट गया है। बहुत-सा श्रेष्ठ साहित्य हमारी दृष्टि में नहीं आया है। सबसे गलत यह है कि लोक साहित्य का इतिहास बनने लगा। लोक साहित्य का इतिहास क्या चीज है ? इतिहास उसका होता है, जिसकी क्रमबद्ध तिथि हो। लोक साहित्य की कोई क्रमबद्ध तिथि नहीं है। लोक तो जीवन में रचा-बसा है, इसलिए इसके इतिहास का कोई प्रश्न ही नहीं उठता। हाँ, यह सच है कि लोक साहित्य, साहित्य का अविभाज्य अंग है जिसका प्रभाव जीवन में सदैव दिखाई पड़ता है। लोक साहित्य को साहित्य की वाचिक परंपरा से जोड़कर देखना चाहिए।

? *लोक जीवन में पर्वों, उत्सवों के प्रति एक आंतरिक उल्लास पाया जाता है, जो नगरीय जीवन में नहीं होता। ऐसा क्यों ?*

ऐसा इसलिए कि प्रकृति ही नहीं है जिसके साथ जुड़ाव होता है। नगरीय जीवन में कहीं पलाश का पेड़ देखने को नहीं मिलता, पक्षियों की बोली सुनने को नहीं मिलती। नदी के बहाव में जो आकी-बाकी रेखाएँ होती हैं वह देखने को ही नहीं मिलतीं। एक सीमित जीवन है जहाँ मनुष्य को अवकाश नहीं है। ऐसे में उल्लास की संभावनाएँ कहाँ मिलेंगी ? लेकिन अवकाश के बाद सबसे मुख्य बात यह है कि मनुष्य की रमने की चित्तवृत्ति ही नहीं है। एक-दूसरे के प्रति ईर्ष्या-द्वेष ज्यादा है। इसी कारण नगरीय जीवन में मनुष्य त्यौहारों से जुड़ नहीं पाता।

? *आदिवासी जनजातियाँ धर्म के प्रति रूढ़ियों से ग्रसित हैं। ये तंत्र-मंत्र, जादू-टोने एवं अनुष्ठानों में लिप्त रहती हैं। इसका जनमानस और उस पृष्ठभूमि से जुड़े समाज पर क्या असर है ? प्रतिक्रिया व्यक्त करें।*

आदिवासियों में बहुत सारी चीजें हैं, जिन्हें हम रूढ़ि मानते हैं, मगर वे रूढ़ियाँ नहीं हैं। प्रकृति से उनके संवाद की स्थिति है। वे पहाड़ को देवता मानते हैं, नदी को देवता मानते हैं, आकाश को देवता मानते हैं, जिन्हें हक रूढ़ि मानते हैं, लेकिन यह पाँचों तत्त्वों—'छिति जल पावक गगन समीरा' से उनके संबंध स्थापित करने की एक प्रक्रिया है। जो हमारे जीवन में नहीं है। हम इन्हें भोग्य मानते हैं जबकि वे उन्हें जीवन का एक अंग मानकर उपासना करते हैं। मगर कुछ रूढ़ियाँ हैं, जो उनके यहाँ पाई जाती हैं। रूढ़ि हर जीवन में विकसित होती है। नगरीय जीवन की अलग रूढ़ियाँ हैं जैसे—चम्मच कैसे उठाएँ ? काँटा कैसे उठाएँ ? हाथ में कुछ लेकर किसी को नमस्कार न करें, किसी से हाथ मिलाते समय हैट हाथ में न लिये रहें इत्यादि हमारे जीवन की रूढ़ियाँ बन गयी हैं। रूढ़ि का अर्थ क्या है ? किसी कारण

से कोई व्यवस्था होती है और उस व्यवस्था को आदमी तब तक चलाए रखता है जब तक कोई वैकल्पिक व्यवस्था नहीं हो जाती है। उस व्यवस्था को बिना किसी परिवर्तन के चलाए रखना ही रूढ़ि है। ये रूढ़ियाँ जब जड़ हो जाती हैं, तब इनमें परिवर्तन नहीं होता। लोग सोचते हैं कि ये तो शुरू से ही ऐसे चला आ रहा है, इसमें परिवर्तन क्या होगा ? ऐसी बहुत सारी जड़ताएँ हर समाज में आती हैं। भाषा का प्रयोग देखिए, कुछ प्रयोग रूढ़ हो जाते हैं—एक गऊ का अर्थ गाय मानना ही रूढ़ है। हर चलने वाला पदार्थ गऊ होना चाहिए, केवल गाय ही क्यों ? यह तब तक रूढ़ि ही रहेगी, जब तक कोई इसे बदल न दे और रही बात अंधविश्वास की, तो यह भी अंधविश्वास ही है कि विज्ञान में सौ वर्ष पूर्व जो कहा गया, हम उसे आज भी सत्य मानते हैं। विज्ञान का अंधविश्वास उस अंधविश्वास से ज्यादा खतरनाक है क्योंकि विज्ञान के बारे में हम सत्य परिलक्षित करने के लिए अनेक तर्क देते हैं, जबकि उस अंधविश्वास के बारे में कोई तर्क नहीं है। इसलिए जो भी बात अविचारित होती है, वह अंधविश्वास हो जाती है। जितना अंधविश्वास उनके जीवन में है, उतना हमारे जीवन में भी है। अतः इस दृष्टि से उनकी उपेक्षा करके उन्हें असभ्य मानना, अविकसित कहना एक बड़ी भूल है और यही हमने किया है। सभ्य होने पर अंग्रेजी शिक्षा से प्रभावित होकर उनके प्रति हमारा यही अनुकम्प्यभाव रहा है। यह हमारी कमी है कि हम उनकी विशेषता देख ही नहीं सकते। आदिवासी कितने सुंदर तरीके से रहते हैं, उनके घर कितने व्यवस्थित व साफ होते हैं, इस पर हमारी नजर ही नहीं जाती। उनके आखेट के अपने नियम हैं, जिसमें बर्बरता नहीं है। शिकार भी करते हैं, तो देखकर ही शिकार करते हैं। जिस समय पशुओं के जोड़ा लगने (ऋतुकाल) का मौसम होता है, उस समय वे पूरे मौसम शिकार नहीं करते, जबकि हम लोग इसकी चिंता नहीं करते। हम अपने मनोरंजन के लिए किसी भी मौसम में कहीं अधिक बर्बरता से शिकार करते हैं। वे अपने नियमों का श्रद्धा से पालन करते हैं। आदिवासी एक सुनियोजित जीवन जीते हुए अपने परिवेश से अधिक आत्मीयता से जुड़े हुए हैं, जोकि हममें नहीं है। यह सब देखने की हमारे पास दृष्टि ही नहीं रह गयी है। अतः अपने जीवन को आदर्श तथा उनके जीवन को हेय मानने लगे हैं।

? *समसामयिक जीवन में लोक संस्कृति पर औद्योगिक सभ्यता का बढ़ता हुआ दबाव हमें भावनात्मक स्तर पर ह्रासोन्मुख बना रहा है यदि आपको यह सत्य लगता है, तो इसके क्या कारण हैं ?*

औद्योगिक जीवन का दबाव सभी का सभी ध्वंसात्मक हो, ह्रास लाने वाला हो ऐसा नहीं है। औद्योगिक जीवन के दबाव से कभी-कभी एक अलग किस्म की संवेदना उत्पन्न होती है। उस संवेदना को यदि हम ध्यान में रखते हैं तो लगता है

कि आदमी के लिए यंत्र भी आत्मीय हो जाता है। यंत्र के साथ खटते हुए उस यंत्र के साथ आत्मीयता हो जाती है। यहाँ वृत्ति का प्रश्न है। एक अनपढ़ ड्राइवर सुबह अपनी गाड़ी को प्रणाम करता है एवं स्वयं को, गाड़ी को इस वृत्ति से सौंपता है कि गाड़ी में देवता का वास है और यह गाड़ी हमको ले चले। बड़े वर्ग का आदमी अपनी गाड़ी को संपत्ति मानता है जबकि निम्न वर्ग का आदमी उसे अपने जीवन का अंग मानता है। यहाँ दोनों की भावनाएँ अलग-अलग वृत्तियों के कारण ऐसी हैं। यहाँ गौर करने वाली बात यह है कि किसी भी वस्तु के प्रति हमारी वृत्ति कैसी है ? नगरीय जीवन में साधन संपन्न होने के साथ-साथ हमारी सरल वृत्ति नष्ट होती जाती है। जीवन में उल्लास के लिए जरूरी है कि आदमी वस्तुओं के साथ वस्तु के रूप में संबंध न रखे, निजता के रूप में संबंध रखे। हमारी बदली हुई वृत्ति ही हमें अपने परिवेश से अलग करती है।

? *क्या साहित्य सर्जना में वैचारिक आग्रह को अनिवार्य स्थान दिया जाना उचित है ?*

वैचारिक आग्रह ही क्यों ? हर आग्रह को ही हम निंदनीय समझते हैं। वैचारिक आधार, वैचारिक दृढ़ता तो ठीक है, मगर आग्रह कैसा ? अगर आप साहित्य को उसका एक साधन मानते हैं, तो साधन हो भी, पर मुख्यतः साध्य है।

? *भारतीय शास्त्र की परंपरा बहुकोणीय एवं विविधवर्णी है, इसमें किस मत ने आपको सबसे ज्यादा प्रभावित किया ? उसने आपके साहित्य पर क्या असर डाला ?*

भारतीय दर्शन में जितने भी मत हैं, सबकी आधारपीठिका एक है। साहित्य किसी दर्शन से प्रभावित होकर नहीं लिखा जाता। साहित्य मनुष्य से मनुष्य के संबंध की गहराई, मनुष्य से प्रकृति के संबंध की गहराई, मनुष्य के देशकाल के साथ संबंध की गहराई की पहचान से लिखा जाता है। दर्शन उसका एक हिस्सा मात्र है। जो लोग दर्शन से प्रभावित होकर साहित्य को देखते हैं वे साहित्य की अवमानना करते हैं। तुलसीदास में विशिष्टाद्वैत है, तुलसीदास में अद्वैत वेदांत है, यह सोचना ही गलत है। तुलसीदास से अद्वैत वेदांत को मदद मिलती है, तुलसीदास से विशिष्टाद्वैत को मदद मिलती है, यह कहना चाहिए। कबीर से एक दूसरे प्रकार का अद्वैत प्रतिष्ठापित है, यह कहिए। कबीर अद्वैत से प्रभावित है यह नहीं कहना चाहिए। उसी दृष्टि से मैं बात करता हूँ कि मैंने दर्शन पढ़ा है और आज भी पढ़ता हूँ, लेकिन साहित्य लिखता हूँ तो दर्शन पढ़ करके, उसके अनुसार नहीं लिखता। हाँ, दर्शन की थोड़ी छाप अवश्य रहती है और सभी दर्शनों की छाप रहती है। पर जैसा मैंने पूर्व में कहा कि सभी दर्शनों की एक पीठिका है, जो संस्कृति की पीठिका है, जो साहित्य की पीठिका है, कला की पीठिका है। वह पीठिका यह है कि समस्त जीवन एक है, निरंतर

है और परस्पर संबद्ध है। इसलिए जो समस्त जीवन की एकता में विश्वास करेगा वह बराबरी से अधिक एक दूसरे पर अवलंबित होने की बात करेगा। बराबरीवाद वहीं होता है जहाँ द्वैत देखा जाता है। 'क' बराबर 'ख'। इसका मतलब हुआ कि 'क' और 'ख' दो चीजें हैं। हम 'क' बराबर 'ख' नहीं कहते, बल्कि यह कहते हैं कि 'क' और 'ख' एक 'ग' के ही अंश हैं। इसलिए एक दूसरे से संबद्ध हैं। अतः भेद होने का प्रश्न ही नहीं उठता। हाथ और मुँह में एक तरह से भेद है भी और नहीं भी। कार्य की दृष्टि से भेद है। परंतु यदि हाथ जिस व्यक्ति का उसी का मुँह हुआ तो फिर भेद कैसा ? वह दोनों एक ही शरीर के अंश हैं, एक दूसरे के पूरक हैं। तो इस दृष्टि से जहाँ अंग-अंगी भाव होता है वहाँ बराबरी की बात नहीं देखी जाती। पिता पुत्र से बड़ा नहीं होता, पुत्र पिता से बड़ा नहीं होता। मगर एक विशेष परिस्थिति में पिता या पुत्र दोनों एक-दूसरे से बड़े होते हैं। इसे ऐसे समझिए कि परिस्थिति बड़ी होती है। परिस्थिति के अनुसार पिता पुत्र का महत्त्व होता है। एक स्थिति है जहाँ पुत्र का उपनयन होता है। इस समय पिता उपनयन कराता है, यहाँ पिता आचार्य है। अर्थात् यहाँ पिता का ही महत्त्व है। अतः इस स्थान पर पिता ही बड़ा है। ठीक इसी प्रकार, एक बार ऐसा अवसर आता है जब पुत्र का विवाह होता है। उस समय पुत्र का ही महत्त्व है, उसे समाज उस परिस्थिति में विष्णु के रूप में देखता है। अतः यहाँ पुत्र ही बड़ा होता है। इसलिए परिस्थितिवश हर किसी का, कहीं न कहीं, कभी न कभी महत्त्व हो जाता है। इसमें दृष्टि ही दूसरी है। यहाँ समग्रता ही दृष्टि है और परस्पर संबद्ध रिश्तों की दृष्टि है। यह दृष्टि सारे दर्शनों में है, बस उसे उपस्थापित करने का ढंग सबका अलग-अलग है। कौन ढंग कब काम करता है, बस यही देखने की चीज है। मेरी रचना को जो ढंग जिस तरह अनुकूल लगा, मैंने उन सबका उपयोग किया। अब रचना से चाहे कोई कुछ भी अर्थ निकालें।

? *आपके निबंधों में लोक के प्रति गहरा लगाव रहा है। आपने निबंधों में लोक कथाओं, लोकगीतों को आधार बनाया है। इसके पीछे क्या कारण है ?*

मैं गाँवों में पला-बढ़ा हूँ। मेरे व्यक्तित्व निर्माण में लोक जीवन का योगदान रहा है, इन कथाओं और गीतों का योगदान रहा है। इसलिए निबंधों में इनका आना स्वाभाविक है। मैंने जगह-जगह जाकर गीत बटोरे नहीं हैं, जो गीत मेरे मन में रचे-बसे हैं, बस वे ही गीत निबंधों में स्वतः आ गए हैं। मेरी रचनाओं में गीत आरोपित व्यापार के रूप में नहीं आता। ठीक इसी तरह शास्त्र भी कभी आरोपित व्यापार के रूप में नहीं आया। जितने लोक जीवन के संस्कार मेरे भीतर जाग्रत् हैं, वही मेरी रचनाओं में गीतों आदि के माध्यम से व्यक्त हो जाते हैं। ये कहीं से लाने का प्रश्न नहीं है।

? *आपने 'महाभारत का काव्यार्थ'—में इस तथ्य की स्थापना की है कि महाभारत का मुख्य रस शांत रस नहीं है वरन् एक अव्यय-भाव है, एक अच्युत-भाव है। इस स्थापना के पीछे क्या प्रेरणा रही है ? इससे किस संभावना को बल मिलता है ?*

प्रेरणा स्वयं महाभारत है। पूरा महाभारत पढ़ने पर ही महाभारत का एक अर्थ निकलता है, जिसे मैंने देने की कोशिश की है। कुछ लोग मानते हैं कि इसमें करुण रस है—सब व्यर्थ है, सारी लड़ाई के बाद करुणा उपजती है। कुछ का मानना है कि समस्त युद्ध के बाद आदमी सबसे अलग हो जाता है और सबसे अलग होने पर ही शांति मानता है, इसलिए शांत रस है। कुछ इसमें वीर रस मानते हैं क्योंकि पूरा महाकाव्य ही युद्ध पर आधारित है। लेकिन मेरे अनुसार ये तीनों रस कुछ दूर तक ही दिखाई देते हैं। कुछ दूर तक लगता है कि इसमें वीर रस है क्योंकि इसमें वीरता का वर्णन है, ऐसी वीरता जो मूल्यों की स्थापना के साथ अनादि की रक्षा भी करती है, न्याय की रक्षा करती है। उसी तरह शांत रस भी है, अर्थात् सबसे अनासक्त होना चाहिए किसी से आसक्ति नहीं होनी चाहिए, आसक्ति ही सब दुःखों का कारण है। इसी तरह करुण रस भी है जो सबकी व्यग्रता का वर्णन करता है, दया उपजाता है। इस तरह सब जगह अलग-अलग प्रतीति है। लेकिन जो केंद्रीय प्रतीति है, वो यह है कि चुकना नहीं है, निःशेष होकर भी बचे रहना है, खुद आगे होकर भी बचे रहना है। युधिष्ठिर अपने भाइयों के साथ आते हैं। युधिष्ठिर के सभी भाई गल जाते हैं, मगर युधिष्ठिर का सिर्फ अँगूठा गलता है। युधिष्ठिर अपने मूल रूप में ही बचे रहते हैं और वे उस बचे हुए रूप में ही स्वर्ग पहुँचते हैं। उनका मूल रूप उनका आनृशंस्य भाव ही है, यानि मनुष्यता का भाव कि ये हमारे साथ जो कुत्ता आया है वो भी हमारा साथी है, अतः इसको ही पहले आगे करना चाहिए। ये जो मनुष्यता का भाव है, करुणा है, इसी रूप में युधिष्ठिर हैं और इसके मूल में श्रीकृष्ण हैं। श्रीकृष्ण हैं इसलिए वेद है, वेद को समझने वाले लोग हैं और एक समझदारी भी है जिसकी ओर गीता में भी संकेत मिलता है—

सर्वभूतेषु येनैकं भावमव्ययमीक्षते

सत्ता चुक जाती है किंतु कुछ होने का संकल्प नहीं चुकता। महाभारत हो जाता है लेकिन व्यवस्था का फिर से उद्धार करना नहीं चुकता। यही न चुकने वाला भाव ही अव्यय-भाव है। महाभारत को पढ़ने से सारे संसार में रहने की जो समझदारी आती है, वह अद्भुत है। अपने को अपराजेय भाव में रखने की दृष्टि महाभारत ही देता है। महाभारत के संदेश में है—

सुखं वा यदि वा दुःखं प्रियं वा यदि वाऽप्रियम्।
प्राप्तं प्राप्तमुपासीत हृदयेनापराजितः।।

हृदय से पराजित न हो, तुम कहीं न कहीं किसी न किसी रूप में बने रहो और तुम्हारे भीतर मनुष्यत्व का भाव बचा रहे। इसीलिए कहा गया है—

गुह्यं ब्रह्म तदिदं ब्रवीमि।
नहिं मानुषात् श्रेष्ठतरं हि किञ्चित्।।

मनुष्य के भाव से श्रेष्ठतर कुछ नहीं है। यही है अव्यय तत्त्व कि युद्ध हो जाए, सारी जातियाँ नष्ट हो जाएँ परंतु मनुष्य का भाव नष्ट न हो, वह बना रहे।

? *हबीब तनवीर ने अपने नाटकों, सोनल मानसिंह ने लोक कथाओं पर आधारित अपनी नृत्य नाटिकाओं एवं कुछ उपन्यासकारों ने अपनी औपन्यासिक कृतियों में अकसर नए प्रयोग किए हैं। ये नए प्रयोग कितने प्रासंगिक हैं और इनका क्या औचित्य है ?*

इनमें से अधिकांशतः असफल हैं, क्योंकि ये प्रयोग मूल की भावना का नाश करते हैं। जब किसी चीज में मूल की भावना मर जाती है, तो फिर वह सफल नहीं होता। हबीब तनवीर, गिरीश कर्नाड, ब. व. कारंत ने जो प्रयोग किए उनमें से बहुत सारे प्रयोग निरर्थक हैं। जो प्रयोग चमत्कार पैदा करने के लिए होता है उसका कोई अर्थ नहीं होता। आप बिना मूल की भावना का नाश किए तकनीकी प्रयोग करके चमत्कार पैदा कर सकते हैं। नाटकों के मंचन में छाया व प्रकाश का समन्वय करके एक चमत्कार पैदा किया जा सकता है, लेकिन सिर्फ प्रयोग मात्र से कुछ नहीं होता। यह देखना चाहिए, कि जो प्रयोग हमने किया है, वह मूल के अभिप्राय से कितना जुड़ा है, कथ्य के साथ कितना अभिसात होता है। प्रयोग वहीं सफल होगा, जिसमें पुराना अर्थ नष्ट किए बिना नया अर्थ लाने की क्षमता हो। बेमतलब आप किसी चीज को काट दें, दो विपरीत चीजों को आपस में जोड़ दें तो न ये प्रयोग ही होगा और न ही कोई प्रभाव पैदा कर सकेगा। कहीं-कहीं अच्छा प्रयोग हुआ है, जैसे—हबीब तनवीर ने कुछ नाटकों के मंचन में छत्तीसगढ़ी रंगमंच का प्रयोग किया है, शास्त्रों से कुछ संदर्भ लेकर नया प्रयोग किया है। इसी प्रकार कारंत और कर्नाड ने स्थानीय नाट्य-नृत्य रूपों का सुंदर ढंग से आज के संदर्भ में विनियोग किया है और यह निश्चय ही सही अर्थ में प्रयोग है। यहाँ तक तो ठीक है, लेकिन कहीं-कहीं बिना किसी संदर्भ के, मात्र प्रयोग के लिए लोक जीवन का, शास्त्रों का, साहित्य का, दर्शन का दोहन उचित नहीं है।

? *आपने अपने निबंधों में सदैव परंपरा निर्वाह के सूत्र दिए हैं। इसकी आज के समय में क्या प्रासंगिकता है ?*

परंपरा निर्वाह व परंपरा में निहित अतिक्रमण दोनों की ही बात मैंने कही है। सबसे पहले परंपरा पर आते हैं। परंपरा है क्या ? मैंने बार-बार परंपरा की परिभाषा

कही है कि पर की अपेक्षा पर, श्रेष्ठ की अपेक्षा श्रेष्ठतर, श्रेष्ठ के उत्तरवर्ती श्रेष्ठतर। अर्थात् परंपरा अपने आप में अपना अतिक्रमण करती रहती है। एक शृंखला है, इस शृंखला में निरंतरता भी है और आगे जाने की भी बात है। परिवर्तन है तो स्थायित्व भी है। जुड़ा रहना भी है और आगे जाना भी है। इसलिए निर्वाह का अर्थ है कि कोई चीज है वह ज्यों की त्यों रहे। यही ज्यों की त्यों रहना ही परंपरा (Tradition) है। यह परंपरा, जो हमें विरासत के रूप में मिली है, जिसे हमने अभी तक उसी रूप में रखा है, उसे हम और आगे बढ़ाएँ। हमारे यहाँ पुत्र के लिए जो शब्द 'संतान' आता है, उसका अर्थ है—आगे बढ़ना, अच्छी तरह से विस्तार और विस्तार की बात जहाँ की जाएगी, वहाँ केवल निर्वाह थोड़े ही होगा। निर्वाह का मतलब है कि हम वहीं तक बने रहें जैसा विधान है, लेकिन, जो मिला है, हम उसे और गुणवत्तर बनाएँ, यह उसका अतिक्रमण हुआ। इसका अर्थ हुआ कि परंपरा में निहित है अतिक्रमण। इसीलिए परंपरा को जो स्वीकार करेगा वह इस परिवर्तन को भी स्वीकार करेगा।

[?] *आपका प्रिय साहित्य क्या है ?*

पूरी ज़िंदगी ही साहित्य पढ़ते बीती है इसलिए यह बताना कि कौन-सा साहित्य प्रिय है थोड़ा मुश्किल है। मोटे तौर पर मेरा प्रिय साहित्य वही है जो मेरी रचनाओं में परिलक्षित होता रहता है। जैसे महाभारत, रामचरित मानस, श्रीमद्भागवत एवं भवभूति का साहित्य। आधुनिक हिंदी साहित्य में बहुत सारे लोग हैं जो प्रिय लगते हैं। इनमें मुख्य रूप से अज्ञेय, केदारनाथ अग्रवाल और जयशंकर प्रसाद का साहित्य। निबंधकारों में हजारी प्रसाद द्विवेदी हैं। उपन्यासकारों में शिवप्रसाद सिंह हैं, शिवप्रसाद मिश्र 'रुद्र' हैं। विदेशी साहित्य में बहुत सारा साहित्य अच्छा लगता है जिनमें विशेष रूप से टालस्टाय, दास्तोवस्की, अर्नेस्ट हेमिंग्वे एवं फॉकनर। साहित्य में रहने वाले से यह पूछना ही व्यर्थ है कि आपको कौन सा साहित्य प्रिय लगता है ? एक बार उड़ीसा में एक विद्वान ने बातचीत के दौरान कहा कि जब मेरी मृत्यु निकट होगी और मैं मृत्युशैया पर अपनी अंतिम साँसें गिन रहा हूँगा। तब मैं रमाकांत रथ की 'श्रीराधा' (श्रीराधा को श्रेष्ठ साहित्य का स्थान प्राप्त है) नहीं पढ़ूँगा बल्कि मैं उस समय जगन्नाथ दास (उड़ीसा के लोकप्रिय कवि) की कविताएँ पढ़ना ज्यादा पसंद करूँगा। लेकिन मेरे विचार से यह ठीक नहीं है कि मृत्यु के समय जो साहित्य पढ़ा जाए, वही श्रेष्ठ साहित्य है। पूरे जीवन में ही साहित्य का महत्त्व है। साहित्य का सीधा-सा मतलब जीवन के स्पंदन से है। जो व्यक्ति साहित्य पढ़ता है उसे उसका दुःख थोड़ा बड़ा और सबका लगने लगता है एवं उसका सुख एक बड़े उल्लास का एक छोटा-सा टुकड़ा नजर आता है। इसलिए साहित्य से कोई परिवर्तन होता है, ऐसा नहीं है। सिर्फ अपने अनुभव साहित्य में वर्णित अनुभव से जुड़कर बेमानी नहीं

लगते। साहित्य से न तो कोई क्रांति होती है न तत्काल शांति होती है। महाभारत के बाद भी युद्ध हुए हैं और उसके बाद शांति की स्थापना भी हुई है। यही मैंने उनसे कहा कि जीवन जीने के लिए जो उपयोगिता है उसके लिए साहित्य एक दृष्टि देता है।

? *साहित्य की समीक्षा के जो रास्ते इस समय प्रचलन में हैं। उनसे एक रचनाकार के रूप में आप कितने संतुष्ट हैं ?*

इसके बारे में मैंने बराबर लिखा है कि साहित्य की समीक्षा नहीं होती। साहित्य यदि अपने मत के अनुकूल है तो प्रशंसा होती है, प्रतिकूल है तो निंदा होती है, जो कि समीक्षा नहीं हुई। आजकल जहाँ समीक्षा होती है, वहाँ साहित्य की ऊपरी और बाहरी बातों की ही चर्चा होती है। ये इस विचार से प्रभावित हैं, उस विचार से प्रभावित है आदि-आदि। साहित्य का परीक्षण नहीं होता। लेखक को दूर कर दीजिए, साहित्य अपने आप में क्या कहता है ? रचना के भीतर क्या है ? इसकी समीक्षा नहीं होती जो कि एक बहुत बड़ी कमी है। अर्थात् दूसरे शब्दों में कहें तो आस्वादपरक समीक्षा नहीं होती। साहित्य में डूब कर मिला क्या ? इसका परीक्षण नहीं होता है। आजकल लिखी जा रही समीक्षाएँ प्रेरित समीक्षाएँ होती हैं, राग-द्वेष से युक्त समीक्षाएँ होती हैं। अधिकतर कवि, लेखक स्वयं लिखवाकर प्रायोजित समीक्षाएँ भेजते हैं। ये गंभीर चिंता की बात है कि साहित्य को समझने-समझाने की दृष्टि से समीक्षाएँ नहीं लिखी जातीं।

? *आपने एक जगह कहा है–हिंदी का लेखक पावर एलीट से प्रभावित नहीं है। ऐसा आपने किस आधार पर निर्णय लिया ?*

ऐसा मैंने इसलिए कहा कि हिंदी के लेखक की परंपरा ही ऐसी रही है। 'तुलसी अब का होइंगे, नर के मनसबदार'। सत्ता को अस्वीकार करने की उसकी शुरू से परंपरा रही है। आप ध्यान दें तो पाएँगे कि स्वतंत्रता प्राप्ति के बाद भी यदि सत्ता को सबसे ज्यादा किसी साहित्य ने नकारा है तो वह हिंदी साहित्य ही है।

? *संपादन के क्षेत्र में आपने अनेक महत्त्वपूर्ण कार्य किए हैं। उस क्षेत्र के अनुभवों में से कुछ ऐसी बातें बताएँ जो साहित्य के अनुशीलन और संरक्षण के लिए विशेष उपयोगी हों।*

साहित्यिक पत्रिका के संपादक के रूप में कहता हूँ कि संपादक का दायित्व होता है कि वह साहित्य को समग्र रूप में प्रस्तुत करे और नए आ रहे साहित्य को समुचित स्थान दे। संपादन में एक ही अनुभव ऐसा होता है, जो बड़ा दंश देता है, वह यह कि संपादक को निरंतर यह उलाहना सुनना पड़ता है कि यह रचना किस

आधार पर छाप दी गई या वह रचना किस आधार पर अस्वीकृत की गई। संपादक अपने विवेक का प्रयोग करता है, वय का प्रयोग करता है और अनुभवों से अनेकों निर्णय लेता है, किंतु प्रत्येक स्थिति पर उसके विवेक पर प्रश्न चिह्न लगाते हैं। आज कोई साहित्य में सलाह नहीं चाहता, केवल समर्थन चाहता है। किसी को कोई सलाह दीजिए तो वह बुरा मानता है। कोई लेखक यदि चाहता है कि हमारे बारे में कुछ लिखें तो सिर्फ प्रशंसा ही चाहता है। यह साहित्य की गतिशीलता के लिए उचित नहीं है, वांछनीय नहीं है। लेकिन इसमें काम भी करना पड़ता है, जैसी परिस्थिति होती है, वैसे ही काम करना पड़ता है। एक द्वंद्व बराबर रहता है। साहित्य की पत्रिका निकालना, प्रश्नों की बौछार सुनना, लेकिन बराबर आशा बनाए रखना कि ठीक है इसी में से निकलेंगे कुछ लोग ! इसी द्वैत में लिखा जाता है, इसी द्वैत में ही संपादन होता है।

? *साहित्य में बढ़ रही व्यावसायिकता के बारे में आपके क्या विचार हैं ?*

समाज के जब हर क्षेत्र में व्यावसायिकता बढ़ रही है, पहले से ही विद्यमान है तो फिर साहित्य ही क्यों अछूता रहेगा ? इसका असर तो साहित्य पर पड़ेगा ही, यह जीवन से अलग तो है नहीं। आप देखिए शास्त्रगत संस्कारों में भी आरंभ से यजमानी प्रथा रही है, लेकिन रचनाकार इस बढ़ती व्यावसायिकता में एक बात जानता है कि कुछ चीजें होती हैं जिनका सौदा नहीं होता, जहाँ लेन-देन का व्यवहार नहीं होता, जहाँ आदमी प्राप्तयाशा नहीं रखता, सिर्फ देना ही जानता है। फिर भी कभी-कभी साहित्यकार अर्थ प्राप्ति के दृष्टिकोण से व्यावसायिक लेखन भी करता है, मगर सदैव नहीं। एक सच्चे रचनाकार को तृप्ति सदैव अव्यावसायिक लेखन करके या ऐसा कहें जो रुचिकर लगे, उसको लिखकर ही होती है, जो श्रेष्ठ साहित्य आज भी लिखा जाता है उसमें व्यावसायिकता की भावना बिल्कुल नहीं रहती।

? *आप अज्ञेय जी के काफी निकट रहे हैं, उनके साथ की कोई ऐसी घटना के बारे में बताएँ जिसकी छाप अभी तक मौजूद हो।*

इतनी स्मृतियाँ हैं कि किसी को ऐसी छाप बताना कि यह सबसे अमिट छाप है, आसान नहीं। अमिट छाप तो सभी हैं। लगभग 40 वर्षों तक उनका हमारा साथ रहा है, उनके लिखने-पढ़ने में, यात्राओं में साझेदारी रही है। साहित्यिक आंदोलनों में साझेदारी रही है। एक बात मैं कहना चाहता हूँ कि वे अंतर्मुख व्यक्ति थे और अपनी बात किसी से कह नहीं पाते थे। निजी जीवन को उद्घाटित नहीं कर पाते थे, जबकि उनके मन में निजी जीवन के बहुत सारे ऐसे प्रसंग थे, जो उनको व्यथित करने वाले थे। एक प्रसंग था, क्रांतिकारी जीवन में उनके साथ विश्वासघात हुआ था, जिस व्यक्ति ने विश्वासघात किया था, उसके बारे में बता नहीं पाते थे, हालाँकि

बताना चाहते भी थे, जबकि, वे उन परिस्थितियों से आगे निकल आए थे और सशस्त्र क्रांति में विश्वास नहीं रह गया था। बहुत सारे वैयक्तिक संबंधों के बारे में उनकी न कह सकने वाली व्यथा जीवन के अंत तक रही। जीवन के अंतिम सप्ताह में जब वह भोपाल एक समारोह में जा रहे थे, मैं हैदराबाद जा रहा था। उस अंतिम भेंट में उन्होंने मुझसे कहा—अब मेरी गाड़ी चलती दिखाई नहीं पड़ती है और आप मेरी जीवनी लिखना चाहते थे न ? तब मैंने कहा—हाँ, लिखना तो चाहता हूँ, मगर हमारे आपके बीच में जितनी निकटता है उतनी ही दूरी भी है, क्योंकि जो व्यक्ति जितना ही निकट रहता है वह और अधिक गहराई में झाँकने की कोशिश करता है। इसलिए हमेशा उसे लगता है कि हम नहीं जान पाए। तब उन्होंने कहा—नहीं ऐसा नहीं है। हम आपके सामने सब कुछ खोलकर रख देंगे। आप 15 दिनों के लिए भीमताल में मेरे निवास पर आइए। आप सभी प्रश्न पूछ जाइए। मैं अब किसी दूसरे से नहीं कहना चाहता, आप ही से कहना चाहता हूँ और आप ही मेरे निर्णेता बनिये, कोई दूसरा आदमी हमारा Judge क्यों बने। यह बात मुझे बड़ी छूने वाली लगी कि एक आदमी, जो इतना विश्वास करता है, बावजूद इसके, जिसने विश्वासघात पाया हो तो उस आदमी के भीतर कहीं एक गहरी मानवीय चेतना का व्यक्ति है। इस कवि के भीतर गूढ़ व्यथा है।

? *आप एक यशस्वी पत्रकार रहे हैं। इस क्षेत्र में कार्य करने वालों के लिए आपके क्या सुझाव हैं ?*

एक ही बात कहना है, पत्रकारिता का क्षेत्र पहले से अधिक कठिन हो गया है। लोगों को समझौते करने पड़ रहे हैं। अतः इस क्षेत्र में आने वालों से यह कहूँगा कि समझौते न करें, इसके लिए एक मन की तैयारी होनी चाहिए कि हम कष्ट पा सकते हैं और यदि समझौते के लिए तैयार हैं, तो हमसे पूछने की जरूरत नहीं है।

? *हिंदी में पाठकों की कमी है। इससे आप कहाँ तक सहमत हैं ?*

एक हद तक सहमत हूँ। हिंदी भाषी क्षेत्रों में साक्षरता का अनुपात अन्य भाषीय क्षेत्रों में साक्षरता से अपेक्षाकृत कम है, फिर भी साक्षरता के अनुपात में हिंदी भाषी समाज में पाठक हैं। पाठक न होते तो इतनी सारी पत्रिकाएँ, अखबार न निकलते। रोजाना ढेर सारी किताबें न छपतीं। यह मानना गलत है कि हिंदी में पाठक नहीं हैं। हाँ, साक्षरता जितनी होगी उसी हिसाब से पाठक भी होंगे।

? *आजकल आप क्या लिख रहे हैं ?*

जब तक लिख न जाए तब तक क्या कहें ? अभी इस बीच में गीत गोविंद को केंद्र में रखकर एक पुस्तक लिखी है—राधा माधव रंग रँगी। इसे भारतीय ज्ञानपीठ

ने हाल ही में प्रकाशित किया है। ऐसी ही कुछ रचनाएँ दिमाग में हैं, जब लिख जाए तब बताऊँ।

[?] *नई पीढ़ी के रचनाकारों के लिए आपका क्या संदेश है ?*

कुछ नहीं। इसलिए कुछ नहीं कि संदेश देने का काम उनका होता है, जिनके पास करने के लिए कुछ नहीं होता। हमारे पास संदेश देने के लिए फुर्सत नहीं है।

आधुनिकता केवल नकार नहीं है

भेंटकर्ता : सुनीता शर्मा

? *आपने 'भारतीय चिंतनधारा' के एक अध्याय 'कर्मवाद' में लिखा है—'हर श्रेष्ठ पुरुष को लोक का ध्यान रखते हुए लोकयात्रा में कर्म करना होता है, भले ही उसके लिए कोई कर्तव्य न रह गया हो।' कर्म और कर्तव्य में क्या भेद है ?*

कर्तव्य का अर्थ है दायित्व। दायित्व के निर्वाह तक ही कर्म नहीं है। कर्म एक निरपेक्ष व्यापार भी है। उसी प्रकार जैसे—साँस लेना। इससे आदमी बच ही नहीं सकता। कुछ लोग नैष्कर्म की बात करते हैं। नैष्कर्म का अभिप्राय है—कर्म करो और फल की कामना न करो। इसलिए वे नैष्कर्म की ओर जाते हैं। इसी प्रकार कुछ आदमी कर्म की ओर जाते हैं। किंतु कुछ ऐसे भी हैं जोकि नैष्कर्म की ओट में कुछ भी कर्म नहीं करते। इसके विपरीत कर्तव्य दबाव में रहकर किया जाता है।

? *'साहित्य का खुला आकाश' के एक निबंध (साहित्य की चिंता) में आपके शब्द हैं—'महानगर में हमें फुरसत नहीं। फुरसत अर्थहीन चर्चाओं के लिए है।' महानगरीय जीवन के प्रति आपकी लेखनी इतनी उदास क्यों है ? जबकि महानगर ने आपको बहुत प्यार तथा सम्मान दिया है। बहुत-सी गोष्ठियों, चर्चाओं में आपकी भी भागीदारी रहती है। फिर आपकी दृष्टि में सबकुछ इतना अर्थहीन कैसे है ?*

उदासी और आक्रोश में अंतर है। आक्रोश इस बात का है कि मानवीय संबंधों में ऊष्मा कम हो रही है। जीवन की आपाधापी बढ़ रही है। अनावश्यक चूहा-दौड़ के कारण मानवीय संबंध तो निभ नहीं पाते इसके बाद ऐसा अभ्यास शुरू होता है कि मनुष्य संबंध बनाने से धीरे-धीरे कतराने लगते हैं। यह मुझे अच्छा नहीं लगता।

इन संबंधों की कीमत पर जो विकास या समृद्धि होती है, वह समृद्धि थोथी लगती है।

मैं तुलना की दृष्टि से बात करता हूँ। छोटे नगरों की और महानगरों की। छोटे नगरों में आज भी साहित्य के प्रति, जीवन के प्रति उत्सुकता अधिक है। इसका अर्थ यह नहीं कि महानगरों में मनुष्यता नहीं है। पर सिमटी हुई है। और कभी-कभी घुटन का अनुभव कराती है।

गोष्ठियों में बैठने की बात भी हमेशा भीतरी इच्छा से नहीं होती। कभी-कभी औपचारिकता का निर्वाह करना ही पड़ता है। लेकिन औपचारिकताओं के बीच भी कोशिश करता हूँ कि मन की बात करूँ, कुछ जोखिम उठाकर भी मन की बात करूँ। प्रायः मुझे इसीलिए गोष्ठियों में अनुभव होता है कि मैं अकेला हूँ। कभी अकेलापन अच्छा लगता है तो कभी बहुत सालता है।

? *'फागुन दुइ रे दिना' के निबंध 'दीये जलाने का अर्थ' में आधुनिकता के विषय में बात करते हुए आपने लिखा है—'श्रद्धा खोना, विश्वास खोना, मूल्यों को तोड़ना, उस सबसे छुटकारा पाना जो हमें किसी परंपरा से जोड़े हुए है।' आपके विचारों में क्या यही आधुनिकता है ?*

आधुनिकता को यदि इस प्रकार परिभाषित किया जाए तो यह सच्ची आधुनिकता नहीं है। आधुनिकता केवल नकार नहीं है। और नकार तक सीमित रह जानेवाली आधुनिकता टिकती नहीं है। स्वीकार करके आगे जानेवाली आधुनिकता ही सही आधुनिकता है। यह मैं अपनी कई रचनाओं में रेखांकित कर चुका हूँ।

? *अपने एक निबंध 'भारत की विश्व छवि' में आपने नए युग की चर्चा की है यहाँ नए युग के अर्थ पर विस्तार से प्रकाश डालें।*

जो संपन्न, विकसित देश हैं वे धीरे-धीरे विकास तथा संपन्नता का खोखलापन समझ रहे हैं। जिस खंडित दृष्टि से विकसित देश विश्व मनुष्य को देखते हैं जिसमें संपन्न-असंपन्न, विकसित-अविकसित तथा सभ्य-असभ्य के आधार पर मनुष्य को बाँट देते हैं, उस दृष्टि की खंडता अब उजागर हो रही है। भारत के पढ़े-लिखे लोग जो संपन्नता के लोलुप हैं, जो हर कीमत पर संपन्नता की सोचते हैं, वे नहीं सोचते कि विश्व-छवि के नाम पर वे अपनी छवि ही बिगाड़ने में लगे रहते हैं।

नए युग का अर्थ है—अनेक विश्व-युद्धों से गुजरकर, उपनिवेशवाद की विभीषिका से गुजरकर एक समान स्तर पर लोगों को देखने की बात। जिसमें विरोध से अधिक सहयोग पर बल है। इस युग में हर क्षेत्र—चाहे भौतिक विज्ञान हो, चाहे जीव विज्ञान हो, राजनीति विज्ञान हो—परस्पर अवलंबन और परस्पर पूरक भाव को अधिक महत्त्व दिया जा रहा है। प्रभु और दास के संबंध समाप्त हो रहे हैं।

हालाँकि, यह भी सही है कि अभी आर्थिक अवलंबन, आर्थिक दासता की विभीषिका गई नहीं है। यह अभी कुछ दिन टिकेगी। और आर्थिक दृष्टि से लोगों को अवलंबित बनानेवाले देशों की अपनी भीतरी बेचैनी से ही जाएगी।

? *आपने कहीं कहा है कि 'भाषा बाँधती है, रूढ़ियाँ बाँधती हैं'। आलोचकों का आरोप है कि आप परंपरावादी हैं, रूढ़िवादी हैं। वैश्वीकरण के आज के युग में नयी पीढ़ी कैसे रूढ़ियों और परंपराओं में बँधकर रह सकती है ?*

परंपरा से नई पीढ़ी क्या समझती है ? परंपरा रूढ़ि नहीं है। *परंपरा रूढ़ि तोड़ते हुए बड़ी बनती है। आगे जाना ही परंपरा है। वह बाधक क्यों हो ? मैं 'वादी' नहीं। मैं परंपरा में जन्मा, बढ़ा और आगे बढ़ना चाहता हूँ, उसी से अपने को पूर्ण बनाना चाहता हूँ। मैं परंपरावादी नहीं हूँ।*

रूढ़ियाँ आवश्यक भी होती हैं, बाँधती भी हैं, समाज को चलाने के लिए। न हों तो अव्यवस्था हो जाए। जैसे हम हाथ से खाते हैं, चम्मच से नहीं खाते। यह रूढ़ि तोड़ दें और चम्मच सबके लिए मुहैया न करा सकें तो कठिनाई हो जाएगी। कपड़े पहनने, खाना खाने, चलने की भी रूढ़ियाँ हैं। तमाम व्यवहारों में रूढ़ियाँ बन जाती हैं। जैसे--सवेरे स्नान करना भी रूढ़ि है, अब कोई सवेरे स्नान करना छोड़ना चाहे तो छोड़ दे। लेकिन क्यों छोड़ दे ? छोड़ देने में कोई सिद्धि नहीं है। इसलिए जो रूढ़ि चलने देती है, रोकती नहीं है, उसे चलने देना चाहिए। जैसे--पौधा है, पौधे का तना जब तक नरम रहता है तब तक ठीक रहता है। उसको इधर-उधर घुमाना आसान होता है लेकिन कड़ा होने पर कष्ट देता है। फिर भी जब तक फल आते रहते हैं, उसे काटते तो नहीं हैं न।

सब रूढ़ियाँ खराब हैं, यह मानना ठीक नहीं। जैसे संसद में मेंबर को, सभाध्यक्ष को संबोधित करना भी रूढ़ि है। रूढ़ि के वजन पर ही कुछ नया बनाना उचित रहता है, उसी साँचे के आस-पास। बहुत दूर जाने से उद्देश्य ही समाप्त हो जाएगा।

भाषा लिखित करार है। ऐसा लिखने पर ऐसा संकेत समझा जाए। जैसे 'गाय' शब्द से फलाँ पशु का अभिप्राय लिया जाए उससे भी कुछ आगे चलें तो 'सीधा' अर्थ लिया जाए कि फलाँ आदमी तो गाय है। इसी प्रकार 'बैल' शब्द से फलाँ पशु समझा जाए और उससे आगे 'मूर्ख' समझा जाए। रूढ़ि से जब दूसरा अर्थ देते हैं तो वह भी रूढ़ हो जाता है और निरंतर चलता रहता है। यह स्वाभाविक भी है। लेकिन रूढ़ अर्थ जब क्षति देने लगे तो नया अर्थ लाया जाता है। इस प्रकार रूढ़ अर्थ टूटता रहता है, बनता रहता है। आरंभ में खड़ी बोली जब प्रचलन में आयी तब कहा जाता था--'यह काम करके आओ'। अब कहा जाता है--'पढ़ करके आओ'। या 'पढ़कर आओ'। अपने-आप कुछ घिसता रहता है, कुछ बनता रहता है। पर बँधना जरूरी है, जरूरी है सहयोग के लिए। साथ ही मुक्त होना भी जरूरी है। बंधन और

मुक्ति का यही तनाव रचना उत्पन्न करता है।

? *डॉ. विद्याबिंदु सिंह की पुस्तक 'अवधी लोक गीत' की भूमिका में आपने लिखा है—"लोक साहित्य की परख संस्कारी और मानवीय चेतना के संस्पर्श के बिना संभव नहीं होती।" संस्कारी और मानवीय चेतना का संस्पर्श निश्चय ही आपकी रचनाधर्मिता में है, परंतु आपकी रचना लोक के लिए नहीं है।*

मेरा लेखन केवल बुद्धिजीवी के लिए नहीं है। उस लोक के लिए है जो सुपठित है। आवश्यकता नहीं कि वह बुद्धिजीवी हो। जिसकी रुचि साहित्य को समझने, जानने में है, वह मेरा पाठक हो सकता है। इसीलिए उसका माध्यम भी लोकभाषा नहीं, सर्वमान्य परिनिष्ठित भाषा है। उस लोकभाषा में मैं लिखता (मैं लिखता हूँ) तो भी यही मूल्य होते, तो भी भाव यही होते। भाषा अवश्य अलग होती, मुहावरे अलग होते।

? *आपकी भाषा में पहले संस्कृतनिष्ठता अधिक थी, फिर उत्तरोत्तर उसमें सहजता आती गयी। किंतु मंथन और अधिक गहरा होता गया। यानी कि सामान्य पाठक न पहले आप तक पहुँच सका, न अब पहुँच सकता है।*

सामान्य पाठक कौन है ? इसकी पहचान कैसे होगी ? आज यह पहचान मुश्किल है क्योंकि संप्रेषण वाचिक नहीं है। पर मैं अपने अनुभव से जानता हूँ कि जब मैं वाचिक संप्रेषण आकाशवाणी से करता हूँ तो ऐसे श्रोताओं के पत्र प्राप्त होते हैं जो बिलकुल सामान्य हैं। मसलन--कोई ट्यूबवेल में ऑपरेटर है, कोई गाँव में प्रधान है, कोई पंचायत का सदस्य है, कोई निपट देहात में रहनेवाला खेतिहर है। लेकिन वह फुरसत में रेडियो चाव से सुनता है, उसे दूरदर्शन इतना नसीब नहीं है। मुझे लगता है कि यदि मैं उस तक पहुँच सकता हूँ तो मेरी रचना सार्थक है। अपने को सामान्य बोलने वाले बहुत से ऐसे विशिष्ट लोग हैं जो सामान्य व्यक्ति से कटे हैं। सामान्य से कटने का अभिप्राय है कि वे उस व्यक्ति से कटे हैं जिसकी आकांक्षा भूख है, प्यास है। वे वाचिक शिक्षा से, वाचिक शिक्षा से होने वाली संवृद्धि से कटे हैं। ये पढ़ते हैं, ये हिंदी साहित्य पढ़ते हैं। पर इससे वे सामान्य पाठक नहीं हो जाते और न ही सामान्य पाठकों के नुमाइंदे हो जाते हैं और उसी में तुम भी हो। सुना तुमने ? मैं तुम्हें कह रहा हूँ। तुम्हें क्या पता कि गाँव में क्या हो रहा है ? रोटी कैसी सिंकती है ? समाचारों की प्रतिक्रिया क्या होती है ? तुम्हें क्या पता कि पुश्त-दर-पुश्त से पाया हुआ अनुभव कैसा होता है ? औसत भाषा का ज्ञान सामान्य पाठक होने के लिए जरूरी नहीं है। कहीं कुमारस्वामी ने उद्धृत किया है कि सामान्य औसत नहीं होता। सामान्य सामान्य के भीतर रहने वाला ऐसा मनुष्य है जो हर के भीतर है, जो कभी-कभी उकसाने पर उकसता है—The Man in every man is common man. यदि वह मनुष्य होने का सामान्य भाव नहीं है तो व्यक्ति को अपने को सामान्य कहने का अधिकार नहीं है। वह अधिक से अधिक अपने को भीड़ का आदमी कह सकता है।

? *'कँटीले तारों के आर-पार' पढ़ने से ज्ञात हुआ कि कभी-कभी लोग अकारण आपके विरोधी भी हुए। भरसक आपने किसी की मनमानी चलने नहीं दी। इतना संवेदनशील कवि-हृदय कैसे कठोर प्रशासक बन सकता है ? यह संतुलन किस प्रकार रख पाते हैं ?*

संतुलन तो आदमी को जीवन भर रखना पड़ता है। कर्तव्य कठोर होता है। उसे निभाना पड़ता है। फिर कठोर कर्तव्य के भीतर प्रेम की कोमलता भी रखनी पड़ती है। सच्चाई दोधारी तलवार होती है। इसका अर्थ यह नहीं कि करुणा का पल्ला छोड़ दें। करुणा न आत्मदया है, न दूसरों पर दया है। करुणा मानवीय परिस्थितियों की दुरंदता की गहरी संवेदना है। यह एक भेदने वाला प्रश्न है—ऐसा क्यों होता है ? इतनी बड़ी सच्चाई के साथ ऐसा अन्याय क्यों होता है ? क्यों ऐसी परवशताओं की चक्की में पिसकर, क्यों इतना बेचैन होता है ? इसलिए बुद्धि से निर्णय लेते हुए भी मन कठोर रखना पड़ता है। इस कठोर मन में भी कहीं न कहीं मानवीय संवेदना बराबर रहती है। संतुलन ही जीवन है। मैंने संतुलन इस रूप में किया कि अपनी जीविका के क्षेत्र को, अपने जीवन को एक-दूसरे में संपृक्त करके नहीं रखा। इससे कई कारणों से लोग मेरे विरोधी होते भी हैं तो उसकी उपेक्षा कर देता हूँ। मुझे कोई दिक्कत नहीं होती। जो लोग संबंध तोड़ते हैं, उनके प्रति भी एक चुपचाप चुप रहने की ही प्रवृत्ति होती है। प्रतीक्षा रहती है कि कभी जुड़ भी सकता है, अपनी ओर से उसको क्यों सदा के लिए तोड़ें। जीविका के क्षेत्र में बड़े-बड़े पदों पर रहा मैं। प्रशासन को कभी अपने कंधे पर बोझ के रूप में नहीं रखा। न मैंने अपने कोमल, संवेदनशील पक्ष को प्रशासन में हस्तक्षेप करने दिया।

? *एक स्थान पर आपने लिखा है—"साहित्य और साहित्यकारों की कोई जाति नहीं होती....दलित साहित्यकार होने के लिए दलित होना यदि आवश्यक है तो प्रतिबंध लगा देना चाहिए कि दूसरे लोग साहित्य न लिखें।" साहित्यिक दृष्टि से आप दलित किसे कहेंगे ?*

साहित्यिक दृष्टि से दलित वह है जिसके अधिकारों का हनन किया जा रहा है। जिसे ऊपर नहीं उठने दिया जा रहा। साहित्य का लक्ष्य ही यही है कि उनकी बात करना, उनकी ओर से बात करना। इसलिए उसमें दलित और गैर दलित का विभाजन नहीं है। आरोपित विभाजन है। साहित्यकार अन्याय का सीधे प्रतिरोध न करे, यह अलग बात है। पर वह गहरा आक्रोश व्यक्त करता है और करता रहेगा।

जब आदमी साहित्य लिखता है तो किसी वर्ग का होकर नहीं लिखता। अपने को पूरी तरह विच्छिन्न करके लिखता है। वह अपनी इयत्ता को सबके प्रति अर्पित करके लिखता है।

? *पौराणिक कथाओं के बारे में अपने कुछ विचार दीजिए, आजकल उन्हें प्रस्तुत करने की प्रवृत्ति बहुत बढ़ रही है।*

हाँ, क्योंकि पुराण का अर्थ है—पुराने को नया करना। इसलिए नया करने में यह शामिल है कि उसको समकालीन अनुभव और उस अनुभव की सर्जनात्मक प्रतिक्रिया से जोड़कर पूर्णतर करना। साथ ही साथ उसकी पुनर्व्याख्या करना। पुराण कथाएँ सघन रचना होती हैं, जिसमें कभी रूपक के द्वारा, कभी अन्योक्ति के द्वारा, कभी प्रतीक के द्वारा अनेक अर्थों की संभावना खोजी जाती है। भारतीय प्रतिभा का यह लक्षण है कि वह मिथक रचती है। दूसरे शब्दों में, काल और देश के सीमित दायरे से उठाकर पुरानी कहानी को सनातन अर्थ देती रहती है। इससे वह न इतिहास से ग्रस्त होती है, न प्राचीनता के मोह से। और वह प्राचीन की उपेक्षा भी नहीं करती बल्कि प्राचीन को भीतर समाहित करके अपने को समग्रतर बनाने की कोशिश करती है। इसलिए जब-जब यह आकांक्षा प्रबल होती है, तब-तब न केवल नए मिथक रचे जाते हैं बल्कि पहले के मिथकों के नए अर्थ भी प्रचलित किए जाते हैं। भारतीय रचना का यह अत्यंत आवश्यक पक्ष है।

? *साहित्य अकादमी में एक व्याख्यान के मध्य आपने कहा था—"बात करो, बात करो...।" संवादहीनता के आज के दौर में बात कैसे संभव हो ?*

संवाद जबरदस्ती तो होता नहीं। भीतर की इच्छा से होता है और यह तभी तक होता है जब तक कहीं न कहीं अधूरा रहने का भाव हो। या अपने भीतर अपने भाव को न रख पाने का भाव हो। यानी भाव अधिक हों और अपने पास रख न पाएँ। तभी बाँटने की आवश्यकता होती है। जब बँटाए बिना रहा न जाए। इसी भाव से संवाद होता है। संवाद के समय अपनी तृष्णा नियन्त्रित हो। दूसरों की भूख की चिंता हो, दूसरों की प्यास की चिंता हो तो संवाद होगा।

संवाद तो संवादहीनता की असह्यता से निकलेगा। दो बच्चे आपस में लड़ते हैं और कुट्टी कर देते हैं। फिर एक-दूसरे की तरफ देखते रहते हैं कि पहले वो बोले, पहले वो बोले। पर देर-सवेर कोई-न-कोई शुरुआत करता है। शुरुआत कैसे करता है ? तमाम इशारे करता है। कभी चिढ़ाता है, कभी मुँह बनाता है। कुल मिलाकर बच्चा अधिक देर तक अनबोले की स्थिति में नहीं रहना चाहता।

प्रौढ़ की वास्तविकता भी यही है। बातचीत, पत्राचार बंद कर देने पर भी बात की इच्छा होती रहती है। कई बार न बोलने में वह मान समझता है। कभी किसी

बात को अस्मिता का प्रश्न बना लेता है। परंतु देर तक यह सब चल नहीं पाता क्योंकि संवादहीनता अस्वाभाविक है। संवाद स्वाभाविक है। बलात् संवाद स्वाभाविक नहीं होता। ऐसी बातचीत चलती नहीं और विरसता पैदा करती है।

? *'धीरे-धीरे बड़ी स्निग्धता से पराया होना शुरू हो गया' यह पंक्ति आपकी कविता 'राधा की स्वीकारोक्ति' की है। स्निग्धता से पराया होना कैसे संभव है ?*

कोई कड़ी बात नहीं होती है। कोई तनाव नहीं होता है और परिस्थितियों के कारण, दूरी के कारण ऐसा हो जाता है जैसे कि हम उनके अपने नहीं रहे। यह भाव है। इसका दूसरा अर्थ यह भी है कि पराया होने में कि वे अपने नहीं रहे पराए होकर। और हम भी अपने नहीं रहे, अपने लिए पराए हो गए हम भी।

? *अपनी पुस्तक 'कबीर वचनामृत' की भूमिका में आपने लिखा है—"मैं अभी हम नहीं हो पा रहा है, मैं मर भी नहीं रहा है, जी भी नहीं रहा है। इस अधमरे-अधजिए मन से अमर का संधान कैसे हो ?" इस 'मैं' से 'हम' तक की यात्रा तय करने के उपाय क्या हैं ?*

अपने निजी दुखों, तनावों, सुविधाओं, ख्वाहिशों को धीरे-धीरे कम करना। दूसरे के दुख को अधिक महत्त्वपूर्ण मानना। उपासना करना। निरंतर सोचना कि मैं कुछ नहीं करता, जो करता है 'वह' करता है। काम में स्वयं को अर्पित करना। परोपकार करना और करके भूल जाना। परोपकार करे तो वैष्णव भाव से। वैष्णव पीर परायी जानता है।

आराधना से अभिप्राय है, जो हो रहा है, आपके लिए हो रहा है, तुम्हीं करा रहे हो।

एक और मार्ग है ज्ञान का। ज्ञान का मार्ग सबसे कठिन मार्ग है। उसमें व्यक्ति सोचता है कि वह छोटे से गड्ढे में क्यों है ? वह सोचता है कि बाहर निकले, संसार के सुख-दुख में सहभागी बने। हर आदमी 'उसका' अंश है। हम सब 'उसके' अंश हैं। ये सभी रास्ते, कठिन रास्ते हैं। बराबर अहंकार आता रहता है। वह बार-बार सोचता है कि मैंने यह काम कर लिया। मैंने उसे साध लिया। कर्त्ता का अहंकार निरंतर आता रहता है। इस कर्त्ता-भाव से ऊपर उठ जाने पर ही 'मैं' 'हम' में तिरोहित हो पाता है।

? *सुनीता जैन के काव्य-संग्रह 'रंग-रति' की भूमिका में आपने लिखा है—"इन कविताओं में यह बात अच्छी लगी कि इनमें सुनीता कहीं नहीं है।" क्या आप स्वीकार नहीं करते कि प्रत्येक रचना में प्रत्यक्ष या परोक्ष रूप से रचनाकार*

रहता ही है। उसके व्यक्तित्व की छाप उस पर पड़ती ही है ?

रचनाकार को रचना में उतना ही रहना चाहिए जितना कि वह अपने को रचना को दे चुका है, सौंप चुका है। अर्थात् अपने निजी सुख-दुख को एक बड़े विशाल समानभाषी समुदाय के सुख-दुख को पूरी तरह जज्ब कर चुका है। उतनी ही दूर तक रचनाकार है और उसकी भाषा है। प्रश्न अब यह है कि कैसे जज्ब हो ? सबकी अलग-अलग प्रक्रिया है। वह शैली, वह छाप सबकी अलग-अलग है। यदि जज्ब करने वाला (भोक्ता) अपने अनुभव करने वाले रूप को अलग नहीं करता तो रचना नहीं बनती। भोगने वाला रचनाकार से जितनी दूर होगा, रचना उतनी ही बड़ी होगी। अपने को न उसके खिलाफ रखना, न उसके अनुकूल रखना और न तटस्थ रखना ही रचना है। यह आत्मविस्मृति नहीं, आत्मरूपांतरण है।

? *26 मार्च 1995 को दिल्ली में 'साहित्य, संस्कृति और चेतना' विषय पर व्याख्यान देते हुए आपने कहा था—"न मुनष्य, न उसकी भाषा और न उसकी संस्कृति की प्रक्रिया समझ में आने वाली चीज हैं।" क्यों ?*

मनुष्य अप्रत्याशित प्राणी है। लगता है यह करने जा रहा है और नहीं करता। भाषा से भी लगता है कि भाषा यह कहने जा रही है और नहीं कहती। संस्कृति से भी यह लगता है कि संस्कृति का यह अभिप्राय है और वह अभिप्राय नहीं रहता।

मनुष्य के भीतर कई परतें हैं। किसी व्यक्ति को हम मान लेते हैं कि वह बदमाश है लेकिन वह दया करने लगता है। किसी व्यक्ति को सज्जन मानते हैं और वह छल कर जाता है। किसी को बहुत शांत समझते हैं और वह क्रोध कर बैठता है। कब क्या होगा, कुछ कहा नहीं जा सकता। सब अप्रत्याशित रहता है।

भाषा की कई परतें हैं। उसका सीधा अर्थ भी होता है और व्यंग्यार्थ भी। परिस्थितियों पर अवलंबित रहता है कि कब क्या अर्थ लिया जाए।

संस्कृति के लिए मान लेते हैं कि यह संस्कृति है। किंतु संस्कृति कभी-कभी ऐसे व्यवहार करती है कि हम चकित रह जाते हैं। संस्कृति निरंतर परिवर्तनशील है। पहले से उसका अनुमान नहीं लग पाता। लेकिन उसे समझने की चुनौती भी है। उसका कुछ जाना हुआ है, कुछ अनजाना है। कुछ न कुछ जानने की जिज्ञासा लगी रहती है।

? *संस्कृति का निर्माण व्यक्ति करता है या समाज ?*

प्रत्यक्ष रूप से लगता है कि व्यक्ति करता है, जोकि व्यक्ति करता है। लेकिन वही व्यक्ति संस्कृति का निर्माण कर सकता है जो अपने समाज में रचा-पचा होता है और अपने को समाज के बाहर करके समाज को पहचानने की प्रक्रिया में लगता है। ऐसे व्यक्तियों की पहचान से तत्कालीन समाज प्रभावित हो न हो आगे का समाज अवश्य

प्रभावित होता है। क्योंकि व्यक्तियों का अंतर्गठन या अंतःप्रक्रिया ही तो समाज है।

? *रचना, साहित्य और कला की बात करते हुए एक बार आपने कहा था कि यह तभी संभव हो सकता है जबकि "संसार की लिपटन इतना अधिक उदास, उल्लसित और तटस्थ कर देती है कि हम जो होते हैं उससे कुछ अलग हो जाते हैं, विस्थापित हो जाते हैं।" ये भाव कैसे व्यक्ति को विस्थापन की ओर ले जा सकते हैं?*

उल्लास वही होता है जो सबके उल्लास से जुड़ा होता है। उदासी भी वही उदासी होती है जो सबकी उदासी से जुड़ी होती है। उल्लास में क्षमता है कि अपने छोटे से स्व को खो देता है। सबकी खुशी में खुश हो जाता है। रचनाकार की उदासी भीतर ही भीतर उतरने वाली उदासी है। उसी प्रकार सबकी उदासी (जो आस-पास की उदासी है) में जो एक उत्तेजनात्मक उल्लास का अनुभव करता है जैसे कहीं आग लगने की खबर को सुनकर, कहीं दुर्घटना की खबर को सुनकर, जो चटखारा लेता है तो उसकी यह प्रवृत्ति उसे भीतर से कुरेदती है, वह झुकने लगता है।

रचनाकार का उल्लास मनुष्य की उत्सवप्रियता से जुड़ा होता है। उसकी उदासी दूसरे की दुखकातरता से तो जुड़ी हैं, वह इस भाव से भी जुड़ी है कि इतने बड़े-बड़े दान, इतने बड़े-बड़े त्याग व्यर्थ चले जाते हैं। लोगों पर कुछ असर नहीं होता। भक्ति आंदोलन का अभियान भी विषमता मिटा नहीं पाता। इसी उदासी के अकेलेपन की बात कबीर ने कही है—

हम सबमें, सबमें हम
हम बहुरि अकेला।

? *"रचनाकार घर का नहीं रहता....घर का विस्तार बड़े घर में प्रवेश के द्वारा होता है।"—ये शब्द (विचार) आपके हैं। कबीर से शब्द उधार लें—अपना सीस तो उसने (रचनाकार ने) दे दिया किंतु क्या यह जरूरी है कि बड़ा घर उसे अपने यहाँ स्थान देगा?*

हो सकता है कि शुरू में यही लगे कि दोनों तरफ से गए। कभी-कभी ऐसा होता भी है लेकिन दूसरे घर में जाने का अर्थ घर से बाहर जाकर घरू होना ही है। आदमी घर से बाहर जाएगा, घर के भाव से बाहर नहीं जाएगा। घर के भाव से जाने से ही यह संकट उत्पन्न होता है। विश्व को घर बनाने का अर्थ घर की जिम्मेवारियों से मुक्ति नहीं है। घर की जिम्मेवारियों का ऐसा विस्तार है जो कभी-कभी सँभाले नहीं सँभलता। वहीं एक अंतर्द्वंद्व उपस्थित होता है। यही अंतर्द्वंद्व रचना के लिए कारण होता है।

? *'साहित्य अमृत' पत्रिका के नवंबर 1997 के अंक में आपके संपादकीय में है—"साहित्य को व्यक्ति से नहीं नापना चाहिए।" इसका क्या अभिप्राय है ?*

व्यक्ति अच्छा है या बुरा इससे साहित्य अच्छा बुरा नहीं होता। उसमें अनुभव की गहराई कितनी है, अनुभव बँटाने वाली भाषा कैसी है, संप्रेष्य समाज से सघनता कैसी है ? इस पर साहित्य निर्भर करता है। लिखते समय वह वह नहीं रहता इसलिए साहित्य को व्यक्ति से नहीं नापना चाहिए। सामान्य जीवन वाले के सुख-दुख की जो लोग इंटेसिटी अनुभव करते हैं, वे लिख सकते हैं। लिखने की यही प्रेरणा, दुर्निवार आकांक्षा ही साहित्य बनाती है।

? *उत्तर मध्ययुग को आचार्य रामचंद्र शुक्ल ने 'रीतिकाल' नाम दिया किंतु अपने उपर्युक्त संपादकीय में आपने उस नाम का प्रयोग नहीं किया। क्यों ?*

क्योंकि रीति के अलावा कई और प्रवृत्तियाँ भी मुझे इस काल में दिखायी पड़ती हैं। व्यावहारिक ज्ञान, व्यावहारिक समझ की कविताएँ उस समय में बहुत लिखी गयी हैं। लोग उन्हें केवल नीति के दोहे, नीति के छंद कहकर टाल देते हैं। जबकि ये जीवन के अनुभव हैं। इसी प्रकार उस युग में भी भक्ति—सगुण भक्ति, निर्गुण भक्ति, प्रेमाश्रयी भक्ति और ज्ञानाश्रयी भक्ति दिखायी पड़ती है। हर प्रकार की कविता लिखी गयी है। भगवत रसिक, चाचा हितवृंदावनदास आदि ने भक्तिपरक रचनाएँ लिखी हैं। पद्य साहित्य लिखने वालों में ख्वाजा अहमद का नाम आता है। इसलिए मैंने उस युग को उत्तर मध्य युग कहा जिसमें सारी प्रवृत्तियाँ देखने को मिलती हैं। मुक्तक की प्रवृत्ति छंद के प्रयोग से भी नयी है। और संचारियों की सूक्ष्म अभिव्यंजना की दृष्टि से भी नयी है।

? *आपकी पुस्तक 'यात्राओं की यात्रा' के पृष्ठ 61 में उत्तरवर्ती पीढ़ी से बहुत शिकायतें हैं। आप ही बताइए आज वैश्विक प्रतिस्पर्द्धा के युग में मिल-बैठकर बात करने का चाव नयी पीढ़ी कैसे रखे ?*

आप जो कारण बता रही हैं, सही है वह बात क्योंकि यह आपकी पीढ़ी का अनुभव है पर वह आदमी ही क्या हुआ जो अपने को केवल इन विवशताओं में अनचीन्हा कर दे। मैं तो भीतर जो सब कुछ रुथ गया है, उसके खुलने की बात करता हूँ। उसके खुलने से प्रतिस्पर्द्धाओं में भाग लेने की शक्ति घटेगी नहीं बल्कि उससे प्रतिस्पर्द्धाओं में भाग लेने की शक्ति बढ़ती है। परंतु इसके लिए शर्त यह है कि प्रतिस्पर्द्धा स्वस्थ हो और यदि प्रतिस्पर्द्धा में असफलता मिल भी जाती है तो वह नए उद्यम का कारण होगी, कुंठा का नहीं। कुंठा संसार को अपने केंद्र में रखने से होती है। उस केंद्र बनने की प्रवृत्ति को मैं प्रश्नों के घेरे में रखता हूँ। कौन होते हो तुम केंद्र होने वाले और अपनी ओर केंद्र को अभिमुख करने वाले। सही बात

यह है कि सभी के अलग-अलग रास्ते हैं, सभी की अलग-अलग दौड़ है किसे फुरसत है कि तुम्हारी दौड़ पर नजर रखे या उसकी चिंता करे और मैंने जो ये बात लिखी है तो अपने को उनके भीतर स्थापित करके लिखी है, उनके साथ पूरा तादात्म्य रखकर लिखी है। मैं उन्हें सहानुभूति देकर छोटा नहीं करना चाहता, इसलिए मैंने उन्हें यह बात थोड़ा निठुर होकर कही है।

? *साहित्य सेवा के साथ-साथ आपने पत्रकारिता को भी अपनी सेवाएँ दी हैं। नवभारत टाइम्स के प्रधान संपादक के पद से मुक्त होते समय आपने जो अंतिम संपादकीय 'आभार' लिखा, वह इतना भेदक क्यों था ?*

उसे लिखने के लिए किसी ने मुझे लाचार नहीं किया। विरोध के भाव से भी नहीं लिखा गया है। सहज शालीनता के नाते ही लिखा है। साथ ही साथ एक-दो वर्ष एक पत्र संपादक के रूप में जो अनुभव हुए उन्हें भी रेखांकित करने के उद्देश्य से लिखा था। वह मेरी कोई व्यथा-कथा नहीं है। जैसे कि कहीं रहे, चले तो कोई तिक्तता ले कर नहीं चले और न कोई आसक्ति।

जैसे के तैसे
धर दीनी चदरिया।

अँधेरे से उजाले की आकांक्षा बनती है

भेंटकर्ता : कुमुद शर्मा

? *'पद्म भूषण' सम्मान से अलंकृत होने पर आप कैसा अनुभव कर रहे हैं। इससे पूर्व भी श्रेष्ठ साहित्यिक सृजन के लिए आपको ढेरों पुरस्कार मिल चुके हैं। आप अनेक पुरस्कारों की चयन प्रक्रिया में निर्णायक की भूमिका में भी रहे हैं। आज पुरस्कारों की राशि भी बढ़ रही है और संख्या भी। आपको क्या लगता है ये पुरस्कार सृजनात्मक साहित्य की उत्कृष्टता बढ़ा रहे हैं या रचनाकारों को यह कहकर ललचा रहे हैं कि पुरस्कारों के लिए लिखो ?*

इस सम्मान को मैं आकस्मिक घटना मानता हूँ। आकस्मिक घटना मानने वाले व्यक्ति पर कोई प्रभाव होगा तो वह क्षणिक या तात्कालिक होगा। इसके लिए मेरे मन में न तो कोई पूर्व उत्कंठा थी और न ही अब इसका कोई विशेष हर्ष। मुझसे जुड़े लोगों को बड़ा अच्छा लगा। उनको अच्छा लगना ही इसकी सार्थकता है। पुरस्कार और रचनात्मकता में कोई नियत संबंध नहीं है। पुरस्कार से रचनात्मकता बढ़ भी सकती है और घट भी सकती है। पुरस्कार को कोई रचना का मूल्यांकन मानेगा तो पुरस्कारों के लालच से ही लिखेगा। यदि उत्कृष्ट रचना के लिए चुनौती मानेगा तो फल अच्छा होगा। पुरस्कार केवल देनेवाली संस्था को ही अधिक लाभ पहुँचाता है। पुरस्कार पाने वाले को कम। निर्णायक की भूमिका में रहना कोई सुखद बात नहीं है। हर निर्णय किसी न किसी रूप में अप्रिय होता है। क्योंकि निर्णय लेते समय सामूहिक इच्छा का ध्यान रखना पड़ता है। निर्णायकों को अपनी पसंद को दूसरे पर आरोपित नहीं करना होता। निर्णायक होना आत्मशोधन की प्रक्रिया है। इसलिए न तो निर्णायक होने के लिए प्रार्थनापत्र देता हूँ और न ही निर्णायक होने की भूमिका से कतराता हूँ।

? *सूचना क्रांति और इलैक्ट्रॉनिक मीडिया के युग में साहित्य को कुछ लोग अनुपयोगी मानने लगे हैं। एक स्वर यह भी है कि 'साहित्य मर रहा है, साहित्य मर जाएगा।' लेकिन आप भविष्य के साहित्य के प्रति आस्थावान हैं। अपनी घोषणाओं में बार-बार यह भी दोहराते हैं कि भविष्य का साहित्य आज के साहित्य से भिन्न होगा। किस रूप में आगे आने वाला साहित्य आज के साहित्य से भिन्न होगा ?*

भविष्य का साहित्य आज के साहित्य से इस अर्थ में अलग होगा कि वह साहित्य नए सिरे से मूल्यों के निर्माण का साहित्य होगा। नए सिरे से भाषा और ऐसी नयी भाषा के आविष्कार का साहित्य होगा जो भाषा बहुत दिनों तक आघात सहते-सहते सूख गयी थी वह फिर हरी हो उठेगी। और जमीन से रस लेकर निरा विश्वास उत्पन्न कर सकेगी। भविष्य का साहित्य मलबे के नीचे दबी हुई और उसमें से निकली हुई एक ऐसी मानवता का साहित्य होगा, जिसमें जीने की एक विलक्षण चाह होगी। वह अपने आप चेते हुए मनुष्य का साहित्य होगा, अहंकारी शक्तियों द्वारा परिचालित मनुष्य का नहीं, न असंख्य तनावों और दबावों में शिराओं की टूटन अनुभव करनेवाले मनुष्य का साहित्य। वह प्राणोत्कंठा का साहित्य होगा। वह न आतिशबाज होगा, न आतिशबाजी होगा, न आतिशबाजी के सामान का बिसाती होगा, वह फूल होगा, फुलझड़ी नहीं होगा।

? *'फास्ट कल्चर' के युग में आज मूल्यों की दृष्टि से इतनी अभावात्मक स्थिति क्यों है ? और इस स्थिति में भी भविष्य के प्रति आप इतने आश्वस्त हैं कैसे ?*

हमें फास्ट फूड, फास्ट म्यूजिक की तरह फास्ट कल्चर परोसा जा रहा है जो स्थायी नहीं है। यह हमारी युवा पीढ़ी की समझ, सोचने की क्षमता की भ्रूण हत्या अवश्य कर रहा है। मानव को जबसे केंद्र में रखकर मूल्य निर्माण किया गया तभी से मूल्यों में गिरावट आयी है। मानवीय मूल्य जब तक मानव केंद्रित नहीं रहा तब तक सुरक्षित रहा। किंतु जब से मानव को केंद्र में रखा गया है तब से मानवीय मूल्यों की अनुपस्थिति हुई है। जब समस्त जीवन से हटकर किसी व्यक्ति विशेष, घटना विशेष तक हम सीमित हो जाते हैं तभी मूल्यों का क्षरण होता है। फिर भी मैं आश्वस्त हूँ क्योंकि मूल्यहीनता से ही मूल्यों की आकांक्षा उत्पन्न होती है। मूल्य आकांक्षा होती है तो नए सिरे से मूल्यों की प्रतिष्ठा होती है। उसे नए मूल्यों का सृजन भी कह सकते हैं।

? *सृजन के अनेक क्षेत्रों में पत्रकार, निबंधकार, कवि, आलोचक, भाषाविद आदि विविध रूपों में आपकी सक्रिय और उत्कृष्ट भूमिका रही है। निबंधकार के रूप में आपको सर्वाधिक ख्याति मिली। आपको अपना कौन-सा रूप प्रिय है ?*

अपने रचनाकार से मेरा मोह हो जाय तो मेरा लिखना ही नष्ट हो जाय। रचनाकार के रूप में जो मानक आपने गिनाए हैं वे सभी मुझे यातनाप्रद लगते हैं। इनसे निष्कृति पाने में ही सुख मिलता है। क्योंकि रचनाकार अपना बैरी होता है। वह चैन से रहने नहीं देता। यह निर्णय करने का अधिकार मैं पाठक पर छोड़ता हूँ कि उसे मेरा कौन-सा रूप प्रिय है।

? *आपने अपने एक वक्तव्य में कहा था कि मैंने जो भी लिखा वह मुझसे लिखा लिया गया, मैंने कुछ नहीं लिखा। लिखने योग्य जो था, वह अभी लिखा नहीं गया, लिखा जाएगा। इतनी विशाल साहित्य संपदा सौंपने के बाद भी ऐसा क्या विशेष लिखने योग्य था जिसे लिखने की बेचैनी आपके इस वक्तव्य में साफ झलक रही है ?*

लिखना बाकी है कहने का अर्थ है कि मैं लेखक के रूप में अपने को चुका हुआ महसूस नहीं करता हूँ। मुझे लगता है कि मेरे माध्यम से ऐसा कुछ लिखा जाना है जो अपने विश्व के साथ पूर्ण संसक्ति को व्यक्त कर सके। इसीलिए मैं श्रीकृष्ण लीला संवरण के क्षण को लेकर उपन्यास लिखना चाहता हूँ। रहीम के जीवन को लेकर भी मैं मध्ययुगीन विडंबनाओं में और पककर निकले हुए रचनाकार को समग्र दृष्टि से अंकित करना चाहता हूँ। मुझे बार-बार यह कसकता है कि मनुष्य की नियति में अधूरापन क्यों है और कैसे श्रीकृष्ण या शंकराचार्य जैसे लोग इतने अधूरेपन के बीच में रहते हुए एक समग्र की बात कर लेते थे। और मुझसे नहीं होता। यह नहीं कहता मैं लिख लूँगा, पर लिखने की एक बड़ी बलवती आकांक्षा बनी रहेगी और उसमें मेरा दूसरा रचनाकर्म कम से कम आलोकित होगा।

? *निबंध छोड़कर अचानक आप उपन्यास लेखन की ओर आना चाह रहे हैं इसकी कोई खास वजह ? पहले आपने उपन्यास नहीं लिखा, क्या उपन्यास मुश्किल विधा है ?*

ऐसी कोई खास वजह नहीं है। उपन्यास बहुत पहले से लिखना चाहता हूँ। निबंध को मैं उपन्यास से अधिक मुश्किल मानता हूँ।

? *निबंध लेखन को आप मुश्किल क्यों मानते हैं ?*

कठिन यों है कि उसके लिए आदमी को बहुश्रुत होना पड़ता है। ऐसा नहीं है कि दूसरे से अपने को बड़ा समझे। आदमी को आत्मीय होना चाहिए। लेकिन इतना नहीं कि ऊपर हो जाए। आदमी को अपने परिवेश के साथ लय मिलाना चाहिए पर लय मिलाने का कहीं अभिमान न आ जाए इससे बचना चाहिए। इसलिए कह सकते हैं कि निबंध लेखन मुश्किल है। जिसके जीवन में इस तरह के द्वंद्व उठते

हैं वही निबंधकार हो सकता है। निबंध सर्वसामान्य को संबोधित उतना नहीं होता जितना अपने भीतर के सर्वसामान्य को संबोधित होता है।

? *आपके बारे में यह कहा जाता है कि पंडित जी जितने परंपरा प्रिय हैं उतने आधुनिक भी हैं। दो परस्पर विरोधी गुण उनमें समाहित हैं। क्या आप भी परंपरा और आधुनिकता में परस्पर विरोध मानते हैं, या परंपरा और आधुनकिता को एक दूसरे की कड़ी ?*

केवल इस सीमा तक विरोधी मानता हूँ जब परंपरा रूढ़ि बन जाती है तब उसका आधुनिकता से विरोध होता है। आधुनिकता जब रूढ़ि बन जाती है तब उसका गतिशील परंपरा से अपने आप विरोध हो जाता है। सही अर्थ में *परंपरा और परंपरा में निहित आत्मालोचन से उपजी आधुनिकता एक दूसरे की कड़ी है। परंपरा आधुनिकता का कारण बनती है, और आधुनिकता आगे आने वाले साहित्य के लिए परंपरा बनती है।*

? *आपका मानना है कि पहले देश की प्रकृति आज की तरह राम और कृष्ण को इतिहास पुरुष नहीं मानती थी। लोग राम और कृष्ण को अपने श्वास-प्रश्वास में पाते थे। अपने में पाते थे। देश की प्रकृति में इस परिवर्तन का क्या कारण है ?*

इस परिवर्तन के पीछे एक तो अंग्रेजी शिक्षा है जो हमें ऐतिहासिकता से आक्रांत रखती है। जिसके चलते हम हर एक चीज को इतिहास के साँचे में रखकर देखने के आदी हो जाते हैं। इतिहास से बाहर अपने को निकाल नहीं पाते। दूसरा कारण यह है कि *हम पहले अतीतजीवी नहीं थे। पर इस शिक्षा के असर से मोहपूर्ण पुनर्जागरण की वेला में अतीत गौरव के पीछे हम पागल हो गए। यह औपनिवेशिक साजिश थी कि हम अतीत में ही खो जाएँ, वर्तमान को निकृष्ट मान लें। जिससे कि इन प्रभुओं की इच्छा पूरी हो जाए।* हम इनके ऊपर अवलंबित बने रहें। इसको तोड़ने की कोशिश गाँधी, तिलक, जैसे विचारकों ने की पर दुर्भाग्य है कि यह टूटा नहीं है। हमने अपने जीवन का हृदय पक्ष दुर्बल कर लिया। राम और कृष्ण की सनातन संस्कृति से हम कहीं दूर तक वंचित हो गए।

? *आज के समय में जब मानवीय रिश्तों में खोखलापन आता जा रहा है। तब राम का स्मरण आपको अधिक प्रासंगिक लगता है। राम को आप अनुकरणीय मानते हैं। लेकिन आपका मन कृष्ण में अधिक डूबा हुआ है, उनमें अधिक रमता है क्यों ?*

कृष्ण की ओर मेरा जो झुकाव है उसके संदर्भ में डॉ. लोहिया की बात दोहराना

चाहूँगा कि राम के पीछे चलने का मन होता है। कृष्ण की चाह होती है, कृष्ण को प्यार करने की विवशता होती है। यह देश के स्वभाव में है। उन्होंने एक तीसरी बात भी जोड़ी थी कि शिव की आराधना भी इस देश के स्वभाव में है। शिव की आराधना का अर्थ है शिवशक्ति के सामरस्य की आराधना।

? *मध्ययुगीन साहित्य के प्रति आपकी बड़ी गहरी आस्था है। इधर कुछ विश्वविद्यालयों के हिंदी विभागों में पाठ्यक्रम को लेकर बड़ी हलचल है। शिक्षकों का एक तबका मध्ययुगीन साहित्य को अप्रासंगिक करार कर उसे पाठ्यक्रम से बाहर करने पर जोर दे रहा है। इस पर आपकी क्या प्रतिक्रिया है ?*

ये शिक्षक आत्मघात कर रहे हैं। पाठ्यक्रम को लेकर ऐसी खंडित दृष्टि उन्हीं लोगों की होगी जो साहित्य को रूँधना चाहते हैं। साहित्य में निरंतरता होती है। निरंतरता को समझने के लिए न कोई प्राचीन होता है न नवीन। समग्र साहित्य को पढ़ना-पढ़ाना चाहिए। इसी से दृष्टि विशद और पैनी होती है।

? *आप 'नवभारत टाइम्स' के संपादक भी रहे और आज आप साहित्यिक पत्रिका 'साहित्य अमृत' के संपादक हैं। समाचार संबंधी सामाजिक-राजनैतिक पत्रकारिता और साहित्यिक पत्रकारिता इन दोनों में से किसका दायित्व बड़ा है ? इनके दायित्वों में क्या फर्क है ?*

किसी का दायित्व छोटा-बड़ा नहीं है। दोनों दो प्रकार के दायित्व हैं। एक का दायित्व है उपयुक्त आवश्यक सूचनाएँ प्रचारित करने का तथा देशकाल के अनुसार सही निर्णय लेने का, सही विचार करने की क्षमता देने का। मगर साहित्यिक पत्रकारिता में सूचना देने से अधिक सृजन के प्रति उत्सुकता जगाने का दायित्व रहता है। वैचारिक दृष्टि से सामर्थ्य देना दोनों का दायित्व बनता है।

? *आज की पत्रकारिता में काफी बदलाव आ रहा है। आज वह ग्लैमर, फैशन व फिल्मी दुनिया से अधिक जुड़ रही है। इस प्रवृत्ति को लेकर आपकी क्या टिप्पणी है ?*

आज का पूरा मानव समाज भोग के आकर्षणों में ऐसा फँस गया है और फँसता ही जा रहा है कि वह किसी भी पदार्थ की वास्तविकता में जाना नहीं चाहता। ऐसे में ग्लैमर भड़काने की या भड़काऊ प्रवृत्तियों की धूम होगी ही। इसलिए बजाय ग्लैमर पर आक्रमण करने के आक्रमण करना चाहिए अनावश्यक वस्तुओं के लिए उपभोक्ता भाव पर।

? *आज प्रकाशकों की शिकायत है कि हिंदी साहित्य की किताबों की बिक्री बहुत*

कम हो गयी है। पाठकों की शिकायत है कि अच्छा साहित्य नहीं लिखा जा रहा। लेखकों की शिकायत है कि अच्छे पाठक अनुपलब्ध हैं, उनकी रचनाएँ पढ़ी नहीं जा रहीं, नोटिस नहीं की जा रहीं। शिकायतों के इस घेरे में आए साहित्यिक परिदृश्य पर आपकी क्या राय है ?

इन सबकी शिकायत इसलिए है कि शिकायत करने का मन है। मुझे इन शिकायतों का कोई आधार नहीं दीखता। प्रकाशक भी खूब फल-फूल रहे हैं। पढ़ने के लिए भी विपुल सामग्री आ रही है। पढ़नेवाले भी कम नहीं हैं। और लेखक पहले से अधिक आर्थिक लाभ पा रहा है। किसी के भी असंतुष्ट होने का कोई तर्कसंगत कारण नहीं है। इस किस्म का रोना जब स्वभाव में आ जाता है तो इसकी कोई दवा नहीं होती।

? *आज साहित्य में आलोचना की स्थिति सबसे दयनीय है। रचनाकारों का कहना है कि उनकी रचनाओं का सही मूल्यांकन नहीं हो रहा। आलोचकों का कहना है कि रचनाकार आलोचना के नाम पर रचना की आलोचना नहीं मात्र प्रशस्ति पाना चाहता है। आज कड़ी आलोचना को स्वस्थ दृष्टि से नहीं नाराजगी भरी दृष्टि से देखा जाता है। ऐसा क्यों ?*

रचनाकार और आलोचकों के बीच संवादहीनता की स्थिति अधिक है। कारण है रचना के क्षेत्र में वैचारिक गिरोहबंदी। रचनाकार आलोचना से नाराज तब होता है जब आलोचना में दुराग्रह दिखायी देता है। उसी प्रकार की रचना 'क' की है वह अच्छी है। उसी प्रकार की रचना 'ख' की है वह खराब होगी। यह स्थिति निंदनीय है। आलोचना जब आस्वाद के बिना होती है तो निरंकुश हो ही जाती है। ऐसी आलोचना से न रचना का संवाद बनता है, न पाठक को ऐसी आलोचना से रचना के प्रति अभिमुख होने में सहायता मिलती है।

? *'सपने कहाँ गए' पुस्तक में छठे दशक के बाद राजनैतिक, आर्थिक, सामाजिक स्तर पर उभरे मोहभंग की स्थिति की बड़ी मार्मिक अभिव्यक्ति है। आपके मन की बड़ी गहरी पीड़ा व उदासी उसमें झलकती है। आजादी के साथ देखे गए हमारे स्वप्न जब पूरे नहीं हो सके तब मनायी गयी आजादी की स्वर्ण जयंती को आपने किस रूप में लिया ?*

मैंने पत्रों की पहचान और स्वयं को आँकने के रूप में स्वतंत्रता की स्वर्ण जयंती को लिया। मैंने माना कि हम कहाँ गिरे, कब फिसले, कब चुके उसे पहचानने का और सीख लेने का सही अवसर स्वतंत्रता की स्वर्ण जयंती के रूप में आया है। नकारात्मक दृष्टिकोण से समाज बिखरता है। इसलिए अपने देश व समाज के साथ सकारात्मक लगाव तो होना ही चाहिए। जैसे दूर एक तालाब के सूखेपन से उसके

पहले की तरलता जानी जाती है। अँधेरे के बाद उजाले की आकांक्षा बनती है वैसे ही स्वयं को पहचानने, अपनी संस्कृति के स्वर को आगे आने वाली पीढ़ी तक संप्रेषित करने की प्रक्रिया हमें अतीत से निकालकर भविष्य में स्थापित कर देती है। रही पीड़ा और उदासी की बात। ऐसी उदासी कभी बाँझ नहीं होती। अपनी भूलों को एक बार फिर से देखते हुए जो पछतावा होता है यह सकारात्मक रूप भी ले सकता है। यह बात मन से अगर न छूटे तो उदासी और पछतावे का स्वागत भी होना चाहिए।

? *आपने समग्र शिक्षा का जिक्र अपने एक लेख में किया है। समग्र शिक्षा से आपका क्या अर्थ है ?*

समग्र शिक्षा या मुकम्मल शिक्षा का अर्थ है हम आँख, हाथ और मन तीनों का सही उपयोग करना सीखें। हम जीना सीखें और रोते हुए नहीं केवल हँसते हुए भी नहीं, सहज भाव से अपराजित, अकुंठित भाव से सब कुछ सुख-दुःख व प्रिय-अप्रिय को स्वीकार करते हुए जीना सीखें। शिक्षा वस्तुतः वह स्वभाव है जिसे पहचानकर आदमी आदमी के लिए ही नहीं, चर-अचर किसी भी प्रकार के जीवन के लिए अजनबी नहीं रहता, कहीं भी अकेला नहीं रहता, कहीं भी सीमित नहीं रहता।

? *आज जब साहित्य की सामाजिकता और प्रासंगिकता की चर्चा जोरों पर है तब आप समाज और साहित्य के रिश्ते की बात न करके लोक और साहित्य के रिश्ते की बात करते हैं। जबकि आप खुद स्वीकार करते हैं कि मध्यकालीन कृतियों में भी यह समाज सार्थक था और इसकी बड़ी जबरदस्त भूमिका साहित्य के वाचिक संप्रेषण और प्रतिग्रहण में रही है। इस पर कुछ प्रकाश डालें ?*

लोक समाज से अधिक व्यापक है। समाज मेरी दृष्टि में लोक की अपेक्षा छोटा है। वह कम-से-कम साहित्य की खुली दृष्टि के लिए छोटा पड़ता है। लोक में मनुष्य का समुदाय ही नहीं वरन् पशु-पक्षी, पूरी प्रकृति पेड़-पौधे सब समाविष्ट हैं। समाज अपने आप इसमें आ जाता है। मैं यही मानता हूँ कि साहित्य का मूल्यांकन सामाजिक दृष्टि से नहीं अपितु लोकमानवीय दृष्टि से हो तभी उसके साथ न्याय होगा। सामाजिक दृष्टि से उसका परीक्षण उसका अवमूल्यन कर सकता है।

? *आपका मानना है कि भारतीय चिंतनधारा का जो रूप हमारे लोक के अवचेतन में समा गया है उसका आभास अभी भी लोक व्यवहार में मिलता है। शास्त्रीय अनुभवों के प्रतियोगी बनकर वहाँ जाते हैं तो हमें लोकव्यवहार के मर्म का पता कैसे चल सकेगा ? आपकी दृष्टि में लोकव्यवहार के समूचे मर्म को जानने का मार्ग क्या है ?*

जानने का मार्ग खोजने जाओ तो नहीं मिलता। जो मिलता है वह अचानक ही कहीं किसी यात्रा में मिल जाता है। कहीं किसी मेले में मिल जाता है। कहीं किसी हाट-बाट में मिल जाता है। जब देखते हैं दो अपरिचित थोड़ी देर में परिचित हो जाते हैं और ये दो परिचित क्या खरीदने-बेचने आए थे यह भूलकर एक-दूसरे का सुख-दुःख ले-देकर बड़ी राहत महसूस करते हैं।

? *आज साहित्य में समाज के साथ-साथ 'आम आदमी' की बात भी लगातार की जा रही है। और आम आदमी उसे करार किया गया जिसका शोषण हो रहा है जो श्रम करता है जो अपने अस्तित्व के प्रति सचेत हो रहा है। 'आम आदमी' की इस परिकल्पना से आप सहमत हैं ?*

हाँ यह भी आम आदमी है। और ऐसे असाधारण आदमी हैं जो श्रम नहीं भी कर रहे पर उनके भीतर भी एक आदमी पड़ा हुआ है जो द्रवित होना जानता है और दूसरे के साथ उल्लसित होना जानता है। जो मनुष्य को, हर मनुष्य को, हर कीमत पर मानना चाहता है। उसकी अनदेखी करके 'आम आदमी' की परिकल्पना करना—एक सतही कल्पना है।

? *आपने कहीं कहा है कि समृद्धि की अतृप्त आकांक्षा मनुष्य के जीवन को खींचकर वस्तु की ओर ले जा रही है। मनुष्य, मनुष्य से जीवन से दूर होता जा रहा है। तो क्या इस अलगाव का कारण मात्र समृद्धि है या अन्य कारण भी हैं ?*

एक कारण समृद्धि निश्चित रूप से है। दूसरा कारण है संस्कृति के संबंध में इतनी उलझी हुई बातें जो चीजों को गड्ड-मड्ड करके कही जाती हैं। उनसे घबराकर भी आदमी संस्कृति से भागना चाहता है। ये ख्याली बातें भी एक तरह की अय्याशी से उठती हैं। हमारी संवेदना तभी जीवित रह सकती है जब हमारा लगाव अपनी संस्कृति से अपनी मिट्टी से होगा। अपनी संस्कृति में आस्था और विश्वास की कमी होना भी अलगाव का कारण है।

? *आपने अपने लेख 'नदी नारी और संस्कृति' में तीनों को एक-दूसरे से ओत-प्रोत माना है। इनके बारे में आपकी जो धारणाएँ हैं वे क्या आज के संदर्भ में टूट नहीं रही हैं। नदी के स्वभाव से मेल खाती स्त्री की छवि क्या बदली नहीं है ? संस्कृति क्या पहले की तरह ही आज मनुष्य को रच रही है ? नदी के प्रति हमारी आस्था आज पहले जैसी ही है ?*

तीनों एक आज भी हैं अंतर इतना ही है कि इन तीनों के प्रति दृष्टि कुछ बदल गयी है। इनके प्रति अब एक विरूप उपभोक्ता और स्वामीभाव अधिक प्रबल

हो गया है। हम भोगवादी और निजवादी हो गए हैं। नारी सहधर्मचारिणी न रहकर वस्तु हो रही है उसके भीतर का मातृत्व अपनी महिमा खोता जा रहा है। नदी अनुष्ठान का पवित्र स्थल न होकर सुविधा बनकर रुँध रही है। संस्कृति भी जीवनीय न होकर विक्रय या भोग्य हो रही है। जड़ हो रही है। यह सब अशुभ है।

? *सहृदय की कारकता की बात करते हुए एक जगह आपने कहा है कि कला का अर्थ है खंड, कला का अर्थ है संयोजन। कला तोड़ती भी है कला जोड़ती भी है। कैसे ?*

कला जो चीजें समाप्त हो रही हैं चुक रही हैं उसे आगे नहीं बढ़ने देती। जो अच्छी या सही दिशा में नहीं जा रहा उसे तोड़ देती है। और जिन चीजों को जोड़ने से उसका अभ्युदय होगा उसे जोड़ती है यही संयोजन दृष्टि है।

? *भारतीय चिंतनधारा के विविध आयामों—अद्वैत, सर्वात्मवाद, समरसता आदि में क्या आज भी लोगों की आस्था बची है ?*

आस्था है लेकिन वह अशुद्ध हो गयी है। उसे शोधित करने की जरूरत है। आस्था मटमैली हो गयी है। कीचड़ में सन गयी है। विवेक के जल से उसे धोने की जरूरत है। आस्था की कमी नहीं है। विवेकशील आस्था की कमी है। मंदिर में जानेवालों की संख्या बढ़ी है। व्रत रखने वालों की संख्या बढ़ी है। मंदिर बनवाने वाले संत बढ़ रहे हैं। इससे नापो तो आस्था बढ़ी है। यह देखना है कि इस आस्था में विवेक कितना है। अच्छा-बुरा छाँटना है ? छाँटने की शक्ति नहीं दीखती।

परिशिष्ट

1. संक्षिप्त जीवन-वृत्त

जन्म : मकर संक्रांति, 1982 वि. (14 जनवरी, 1926 ई.) ग्राम पकड़डीहा, जिला गोरखपुर। माता श्रीमती गौरी देवी और पिता स्व. पं. प्रसिद्ध नारायण मिश्र। 1945 में प्रयाग विश्वविद्यालय से एम.ए.। हिंदी साहित्य सम्मेलन में स्व. राहुल जी की छत्रछाया में कोश-कार्य, फिर पं. श्रीनारायण चतुर्वेदी की प्रेरणा से आकाशवाणी में कोश-कार्य, विंध्य प्रदेश और उत्तर प्रदेश के सूचना विभागों में सेवा। गोरखपुर विश्वविद्यालय, संपूर्णानंद संस्कृत विश्वविद्यालय, आगरा विश्वविद्यालय में संस्कृत और भाषा-विज्ञान का अध्ययन। कैलिफोर्निया और वाशिंगटन विश्वविद्यालयों में 1960-61 और 1967-68 में अतिथि प्रोफेसर। निदेशक कन्हैयालाल माणिकलाल मुंशी विद्यापीठ, आगरा (1977-86), विजिटिंग प्रोफेसर काशी हिंदू विश्वविद्यालय (1985-86), काशी विद्यापीठ के कुलपति (1986-89), संपूर्णानंद संस्कृत विश्वविद्यालय के कुलपति (1989-92), नवभारत टाइम्स के प्रधान संपादक (1992-94)। संपादक (हिंदू धर्म विश्वकोश)। संपादक (दर्शन, संस्कृति और विज्ञान का इतिहास योजना)।

वर्तमान में—

(क) संपादक, विज्ञान, संस्कृति और दर्शन का इतिहास।

(ख) प्रधान संपादक (भारत), हिंदू मत का विश्वकोश।

(ग) संपादक, साहित्य अमृत।

(घ) मानद सलाहकार, इंदिरा गाँधी राष्ट्रीय कला केंद्र, वाराणसी।

(ङ) मानद सलाहकार, वेद, पुराण शोध संस्थान, नैमिषारण्य।

2. सम्मान-पुरस्कार

पद्मश्री (1988); भारतीय ज्ञानपीठ का मूर्तिदेवी पुरस्कार (1990); विश्वभारती संस्कृत सम्मान, उत्तर प्रदेश (1995-96); शंकर सम्मान, बिड़ला फाउंडेशन, दिल्ली (1996); महत्तर सदस्यता सम्मान, साहित्य अकादमी, भारतभारती (1997); हेडगेवार प्रज्ञा पुरस्कार (1994); पद्मभूषण (1999)।

3. प्रकाशन

1. अंगद की नियति
2. अग्नि रथ
3. छितवन की छाँह
4. कदम की फूली डाल
5. आँगन का पंछी और बनजारा मन
6. कँटीले तारों के आर-पार
7. कौन तू फुलवा बीननिहारी
8. गाँव का मन
9. तुम चंदन हम पानी
10. मैंने सिल पहुँचायी
11. वसंत आ गया पर कोई उत्कंठा नहीं
12. मेरे राम का मुकुट भीग रहा है
13. तमाल के झरोखे से
14. शेफाली झर रही है
15. लागो रंग हरि
16. साहित्य की चेतना
17. परंपरा बंधन नहीं
18. अस्मिता के लिए
19. निज मुख मुकुर
20. साहित्य का प्रयोजन
21. महाभारत का काव्यार्थ
22. संचारिणी
23. भारतीयता की पहचान
24. नैरन्तर्य और चुनौती
25. भारतीय परंपरा
26. भावपुरुष श्रीकृष्ण
27. जीवन अलभ्य है, जीवन सौभाग्य है

28. देश, धर्म और साहित्य
29. सोऽहम्
30. भ्रमरानंद के पत्र (व्यंग्य-हास्य)
31. पानी की पुकार (कविता-संग्रह)
32. अमरुक शतक (अनुवाद)
33. Modern Hindi Poetry (अनुवाद)
34. The Indian Poetic Tradition (अनुवाद)
35. भारतीय भाषा दर्शन की पीठिका
36. भाषा और संप्रेषण
37. हिंदू धर्म : जीवन में सनातन की खोज
38. रीति विज्ञान
39. हिंदी की शब्द संपदा
40. The Descriptive Technique of Panini
41. The Indian Creative Mind
42. तुलसी मंजरी (संपादन)
43. शासन शब्दकोश (संपादन)
44. भारतेंदु मुकुर (संपादन)
45. हिंदी सेवा की संकल्पना (संपादन)
46. रहीम रचनावली (संपादन)
47. रसखान ग्रंथावली (संपादन)
48. प्रौढ़ों का शब्द-संसार (संपादन)
49. साहित्यिक ब्रजभाषा कोश (3 भाग, संपादन)
50. चंदन चौक (लोकगीतों का संग्रह, संपादन)
51. ब्रज के लोकमंगल का संसार (संपादन)
52. श्यामसुंदरदास निबंधावली (संपादन)
53. सत्यनारायण कविरत्न ग्रंथावली (संपादन)
54. सूर वाङ्मय सूची (संपादन)
55. आज के लोकप्रिय कवि अज्ञेय (संपादन)
56. गति और रेखा (संपादन)
57. भारतीय भाषा शास्त्रीय चिंतन की पीठिका (संपादन)
58. वैयाकरणभूषणम् (संपादन)
59. कबीर वचनामृत (संपादन)
60. स्तबक (संपादन)
61. वेदाख्यान कल्पद्रुम (संपादन)

62. आलम ग्रंथावली (संपादन)
63. Studies in Vedic and Iraniyan Literature (संपादन)
64. देव की दीपशिक्षा
65. Follow the Notes of the Flute (संपादन)
66. संस्कृत साधना (संपादन)
67. नदी, नारी और संस्कृति
68. फागुन दुइ रे दिना
69. शिरीष की याद आई
70. भारतीय चिंतनधारा
71. साहित्य का खुला आकाश
72. यात्राओं की यात्रा
73. बूँद मिली सागर में
74. सहृदय
75. उत्तर गीत गोविंद (कविता)
76. हिंदीमय जीवन (संपादन)
77. देवेंद्रनाथ शर्मा अभिनंदन ग्रंथ (संपादन)
78. चंद्रबली त्रिपाठी स्मृति ग्रंथ (संपादन)
79. राहुल चयनिका (संपादन)
80. साहित्य का खुला आकाश (निबंध संग्रह)
81. तंत्र कला और आस्वाद
82. सपने कहाँ गए (स्वाधीनता प्राप्ति के बाद का परिदृश्य)
83. राममूर्त्ति त्रिपाठी अभिनंदन ग्रंथ (संपादन)
84. अज्ञेय काव्य स्तबक (संपादन और भूमिका)
85. ....के स्वामी जी का स्मृति ग्रंथ (संपादन)
86. राधा माधव रंग रँगी (गीत गोविंद की व्याख्या)
87. Vedic Sources of Indian Art (Under publication)
88. सूर सरसी (प्रकाशनाधीन)
89. हिंदी साहित्य का पुनरावलोकन (प्रकाशनाधीन)
90. अध्यापन : भारतीय दृष्टि
91. हल्दी, दूब और दधि-अक्षत
92. महाभारत तात्पर्य निर्णय (संपादन)
93. महाभारत तात्पर्य प्रकाश (संपादन

पत्रिकाओं का संपादन

विंध्यभूमि, त्रैमासिक, 56 अंक
अभिरुचि, 4 अंक
साहित्य-अमृत 4 वर्ष (मासिक) (95-99)

4. मुख्य व्याख्यान

1. हीरानंद शास्त्री स्मृति व्याख्यान
   (अ) महाभारत का काव्यार्थ
   (ब) रामायण का काव्य-मर्म
2. राजस्थान विश्वविद्यालय एवं आचार्य रामचंद्र द्विवेदी स्मृति ट्रस्ट, जयपुर
   (अ) श्रीमद्‌भागवत
   (ब) तंत्र और कला
3. पं. हजारी प्रसाद द्विवेदी स्मृति व्याख्यान
   इतिहास और मिथक
4. साहित्य अकादमी, दिल्ली (संवत्सर व्याख्यान)
   सहृदय (विषय पर तीन व्याख्यान)
5. बिड़ला व्याख्यान, कलकत्ता विश्वविद्यालय
   साहित्य का प्रयोजन
6. Indian Institute of languages, Mysoor
   पाणिनि
7. बिहार राष्ट्रभाषा परिषद्, पटना
   भाषा दर्शन की पीठिका
8. तुलसी अकादमी भोपाल
   रामकथा
9. भारत भवन, भोपाल
   भारतीय परंपरा
10. जोधपुर विश्वविद्यालय
    The Image of man
11. काशी हिंदू विश्वविद्यालय में मालवीय स्मृति व्याख्यान
    भागवत

□□